広島

すてきな旅CAFE

森カフェ＆海カフェ

広島おさんぽ倶楽部 著

Mates-Publishing

ひらきや 72

バッケンモーツアルト廿日市工場直売店 74

古今和洋菓子処 古今果 76

Restaurant & Café 海と料理 miya 78

しまカフェ

みやじまマップ 80

天心閣 82

タムカイマ 84

カフェレンテ 86

sarasvati 88

和かふぇ はやしや 90

御茶処 沖みつ 92

塔之岡茶屋 94

伊都岐珈琲 96

やまカフェ

やまマップ 100

cafe Rin 102

cocoloya art & coffee 104

森のカフェ&レストランDude 106

正直村 108

空城さくら亭 110

山荘HANAKI 112

ぞうさんカフェ 114

野の花かふぇ 116

おへそ cafe & bakery 118

cafe mon chou chou 120

mugi mugi CAFE 122

森のレストラン・ウェディング farm NORA 124

index 126

contents

うみしまカフェ

うみしまマップ …… 6
風の時計 …… 8
たかの巣カフェ COFFEE&TEA …… 10
BeachCafe Kitchen Natty …… 12
景観茶房セレーノ …… 14
鞆の浦@cafe …… 16
SOFU PASTA & CAFE …… 18
菜のはな …… 20
Yard Café …… 22
みなも …… 24
YAMANEKO MILL …… 26
Little Kitchen ARUMO …… 28
帆雨亭 …… 30
さくらCafé …… 32
グリル展望 …… 34
The Flying Pieman …… 36
Chai Salon Dragon …… 38
カフェクオーレ …… 40
立花食堂 …… 42
USHIO CHOCOLATL …… 44
NEJIROcafe …… 46
RISTORANTE ZONA FORTUNATO …… 48
CAFÉ HOXTON …… 50
ETTA JAZZ CAFE …… 52
波輝カフェ …… 54
天仁庵 …… 56
船宿cafe若長 …… 58
cafe SLOW …… 60
seaside cafe ALPHA …… 62
Maison du Ruban …… 64
Cafe umi to sora no Aida …… 66
ボーレザン …… 68
Cafe galerie …… 70

※この本に掲載されている情報は、平成28年5月現在のものです。これらの情報は予告なく変更される場合がございますので、事前にご確認ください。
※価格は予告なく変更される場合がありますので、ご了承ください。
※そのほか詳細につきましては、各店舗へお問い合わせください。
※掲載店舗は順不同です。

うみしまカフェ

尾道周辺拡大図
184
グリル展望…034
さくらCafé…032
帆雨亭…030
Chai Salon
Dragon…038
みなも…024
尾道
JR山陽本線
The Flying Pieman…036
2
YAMANEKO
MILL…026
西瀬戸自動車道
向島
Yard Café…022
三次東
三次
432
尾道自動車道
375
184
世羅
432
182
JR福塩線
井原鉄道井原線
尾道北
313
福山東
福山
福山
486
JR山陽本線
三原久井
尾道
尾道JCT
福山西
たかの巣カフェ
COFFEE&TEA…010
新尾道
風の時計…008
小谷
河内
本郷
NEJIROcafe…046
三原
尾道
2
向島
向島
鞆の浦@cafe…016
RISTORANTE
ZONA FORTUNATO…048
SOFU
PASTA & CAFE…018
432
竹原
USHIO
CHOCOLATL…044
Little Kitchen
ARUMO…028
因島北
185
317
立花食堂…042
景観茶房
セレーノ…014
生口島
因島
CAFÉ HOXTON…050
西瀬戸自動車道
BeachCafe
Kitchen Natty…012
カフェクオーレ…040
生口島南
大三島
菜のはな…020
伯方島
船宿cafe若長…058
大島北

うみしまマップ

ボーレザン…068
Maison du Ruban…064
Cafe galerie…070
Restaurant & Café
海と料理 miya…078
Cafe umi to sora no Aida…066
バッケンモーツアルト
廿日市工場直売店…074
古今和洋菓子処 古今果…076
ひらきや…072
ETTA JAZZ CAFE…052
天仁庵…056
波輝カフェ …054
cafe SLOW…060
seaside cafe ALPHA…062
JR三江線
浜田自動車道
大朝
千代田
千代田JCT
JR芸備線
中国自動車道
戸河内
広島北JCT
広島北
広島自動車道
可部
JR可部線
広島西風新都
山陽自動車道
広島JCT
広島東
横川
広島
海田市
仁保JCT
山陽新幹線
宮島
廿日市
阿品
宮島口
大野
厳島
江田島
広島呉道路
呉
JR呉線
大竹
能美島
倉橋島
186
261
433
191
488
54
2
31
487
375

風の時計

FUKUYAMA

カゼノトケイ

海の風がはこんでくれる
やさしいひと時を味わって

裏手の駐車場から少し歩いてエントランス前まで来ると、広々としたウッドテラス。沖合には瀬戸の島々、天気が良いと遠く四国まで見通せるそうです。

店内は木を基調にした落ち着いた空間。カウンター越しの窓から見える、森の中をイメージして植栽された草木は、目の前の海だけでなく山の雰囲気も味わえる趣向を凝らしたものです。

看板メニューは「鉄板焼きカレー」。煮込みに数日かかる秘伝のルーと「たかのむすめ」という良質なお米を使った人気メニューです。

海、時計、空と名付けられたオリジナルブレンドコーヒーとともに、海景を満喫してみてください。

水平線に目線が合う、ちょうど良い高さに位置します

うみしま
カフェ
福山

右ページは2階のテラスからの眺め。
イベントなど多目的に利用可能！
※予約制

広々としたウッドデッキから見える、
行き交う船と島々の海景がなごみます

看板メニュー「鉄板焼きカレーセット（玉子とチーズ）」はサラダとシャーベット付き（¥1,200）※玉子以外にもナンが選べます

GOODS

オリジナル
コーヒーマグ
（森修焼）
¥2,100

地元作家さんの革小物
¥1,500～

オリジナル
コンパクトミラー ¥1,200

風の時計

福山市箕島町6585
☎：084-971-3580
営：9：00-18：00（LO17：30）
休：木曜（祝日除く）
席：店内32席
　テラス43席
　個室（2F）16席
禁煙：分煙（一部可）
P：あり（30台）
交通：広島・呉方面、山陽自動車道
　福山東ICから約25分

ソフトクリームもおすすめです。コクがあっておいしいですよ！

スタッフ 林さん

美しい海を見ながら、ゆったりとリフレッシュしてくださいね

店長 佐道さん

※喫煙はウッドテラスのみ可

たかの巣カフェ COFFEE&TEA

FUKUYAMA

タカノスカフェ

芦田川と瀬戸内海、一度に楽しめるくつろぎカフェ

白を基調にした、リゾートムードなファサードが印象的。階段を上がると、眺めのよいテラスから芦田川、海岸線の先は鞆の浦と、山の稜線から広々とした海へとつづく景色がダイナミックに広がります。大きな窓から外の光をいっぱいに取り入れた、明るい店内のカウンター席からも、芦田川と海が交わる眺望が楽しめます。

新鮮な野菜たっぷりの体にやさしい「野菜ランチ」や、ワッフルやピザ、ジェラートなどをいただきながら、オーシャンビューとくつろぎムードが魅力の「たかの巣カフェ」で、何度でも〝巣〟に帰ってきたくなるような、ゆるりとした時間を楽しんで。

たかの巣カフェ
COFFEE&TEA

可愛らしい白の切妻屋根。一目で気に入るお客様続出です

座る場所によって表情が変わるので
色々な席でまったりしてください!

落ち着きのあるインテリアと高い天井の開放感あふれる店内。奥に外に面したカウンター席があります

人気のランチメニュー「野菜ランチ」(¥1,180)ドリンク付

ふっくら香ばしい「セサミワッフル」(¥690)はお茶と合わせて

ジェラート
¥450

たかの巣カフェ COFFEE&TEA

福山市箕島町6677-2
☎:084-961-3100
営:平日10:00-20:00(LO19:00)
　土日9:00-21:00(LO20:00)
休:火曜(祝日除く)
席:テーブル25席、テラス25席
禁煙:分煙(テラス席のみ可)
P:あり(15台)
交通:広島・呉方面から
　山陽自動車道福山東IC
　を下りて約32分

雨の日のムードもしっとりしていてオススメです

店長
堀口さん

オペラグラスも用意していますのでご利用くださいね

スタッフ 山内さん

BeachCafe Kitchen Natty

FUKUYAMA

ビーチカフェキッチンナッティ

天然酵母の石窯ピザを味わう穏やかなビーチフロントカフェ

あたりは静かな波の音と、遠くに聞こえる船の音だけ…そんな隠れ家的なビーチに「キッチンナッティ」はあります。神辺町でカフェとヨガスタジオ、ライブハウスとして人気を博したあと、2015年の2月にここ鞆町・小室浜海水浴場に移転されたそうです。

厨房に鎮座するのは手作りの石窯。手間ひまと愛情をたっぷりかけた自家製のりんご天然酵母を使った、旨味たっぷりのピザがいただけます。パスタやスイーツ、カフェメニューもあり、居心地の良い店内やテラス席はもちろん、ドリンクをテイクアウトしてビーチでいただくのもグッド！ここにしかないビーチフロントを楽しんで。

穏やかな海を眺めるもよし、波打ち際で戯れるもよしです

音楽イベントなども開催
しているので要チェック！

気取らない手作り感あふれるインテリア。
店内にはドラムセットなどの楽器も置いてあります

ドリンクはすべて
テイクアウトできます
カフェラテ ¥550
（アイスは＋50円）

穏やかな春先から夏にかけて、
テラスは特等席かもしれません

瀬戸内魚介のジェノベーゼ ¥1,300
（サラダ/ドリンクセットは＋500円）

BeachCafe Kitchen Natty

福山市鞆町後地2693-2
☎:084-982-3710　休:月曜・火曜
営:平日11:30-18:00(LO17:30)
　※日曜のみLO18:00
席:テーブル14席、テラス4席
禁煙:分煙(一部可)
P:あり(10台)
交通:山陽自動車道福山西IC
　から車で約40分
http://kitchennatty711.wix.com/kitchennatty

※ペット・喫煙はテラス席のみ可

景観茶房セレーノ

FUKUYAMA

ケイカンサボウセレーノ

鞆の浦と瀬戸内の絶景を 歴史とともに味わいたい

鞆港から医王寺を目標に鞆の街中を抜け、小径を少し山手に上がる途中、手作りの案内板を頼りに歩くと見えてくる「景観茶房セレーノ」。店主の髙橋さんはフレンドリーで、お話し好き。鞆の歴史や風土の話など、鞆への熱い愛情を感じずにはいられません。

2階建のお店の1階は店内とテラスがフラットにつながる広々空間。テラスからは街全体と鞆港の様子が目の前に広がり、天気が良ければ瀬戸内の小島や四国まで見ることができるそう。

オリジナルブレンドのコーヒーや喫茶メニュー、おまかせの手作りケーキなどの他、時々登場する特製カレーも人気です。

細い小径を歩くのでお足元にご注意ください

うみしま
カフェ
福山

ペットをお連れのお客様には
専用テラスをご案内しています！

1階から2階への吹き抜けは
風通しの良さ満点です

テラスでは時々、生演奏
ライブも行われています

散策のあとは、おまかせ手作り
ケーキ(¥130)とセレーノブレ
ンドコーヒー(¥350)でひと息

GOODS
鞆土を使用した陶器など ¥600～
鞆の浦の風土や歴史をモチーフにしたものから、
趣向を凝らしたものまで様々なものがあります

景観茶房セレーノ

福山市鞆町後地1407
☎:090-7371-0134
営:昼頃～日没
休:不定休
席:テーブル55席、テラス25席
禁煙:禁煙
P:なし
交通:トモテツバス「鞆港」バス
停から徒歩約15分

時々は特製カレー
¥680もあります

店主 髙橋さん

召し上がって
みてください

※ペットは専用テラスのみ可

鞆の浦@cafe

FUKUYAMA

トモノウラアカフェ

小路に白壁、港と常夜燈…
鞆の浦を味わうカフェ

およそ150年前、幕末に建てられた歴史ある長屋をリノベーションしてできたのが「鞆の浦ア・カフェ」。並びには坂本龍馬ゆかりの「いろは丸記念館」が、目の前には鞆の浦のシンボル「常夜燈」がそびえたちます。

地元で採れる素材をふんだんに使ったイタリア料理や、地元で焙煎された豆を使うエスプレッソなどがいただけ、夏になると冷たい飲み物が大変充実するとのこと。

潮風が通り抜ける店内はもちろん、テイクアウトした飲み物片手に鞆の港を見渡せる雁木に座って、絶好のロケーションをのんびり楽しむのもおすすめです。

「常夜燈」を目指しお店に到着。周辺はロケ地としても有名です

うみしま
カフェ
福山

ドラマ「流星ワゴン」の
あのシーンのロケ地です！

生ハム、チーズ、トマトのサンド(¥800)

大きな開口の昔ながらの大戸がそのまま入り口に。採光もたっぷり、潮風が吹き抜ける心地のよい空間です。

トマトのパスタ(バケット付き)(¥1,200)

TAKE OUT

瀬戸内レモンスカッシュ
至福のカフェラテ(アイス)
各 ¥600

GOODS

鞆のお土産にぴったり！
オリジナル
ドリップパックコーヒー
1パック ¥130
4パック ¥500

鞆の浦@cafe

福山市鞆町鞆844-3
☎:084-982-0131
営:10:00-18:00
※土曜は21:00まで
休:水曜　席:テーブル20席
禁煙:分煙(テラス席のみ可)
P:なし
交通:山陽自動車道福山西IC
から車で約32分
http://www.localplace.jp/t100076692/

店長は鞆の浦の
“平井堅”の異名を
もっています(笑)

スタッフ 鈴木さん

アーティストの展示や
ライブイベントも開催
しています！

店長 坂谷さん

SOFU PASTA & CAFE

ONOMICHI

ソウフウパスタアンドカフェ

マリーナを一望しながら贅沢パスタをいただけるカフェ

瀬戸内エリアの地産地消をベースに、クオリティにこだわるリゾート施設「ベラビスタ スパ&マリーナ 尾道」内にある「SOFU PASTA&CAFE」。厳選した旬の食材を使い、趣向を凝らしたオリジナルパスタが堪能できます。

カフェメニューは、手作りのジンジャーシロップを使用した自家製ジンジャーエールや、瀬戸田産のレモンを使用した、ジーモット・オノミチなどの地元発のドリンクの他、オリジナルドルチェも充実。

マリーナを行き交うクルーザーなどを眺めながら、ゆったりとした瀬戸内時間を過ごしてみてください。

SOFU
PASTA & CAFE
bella vista - marina cafeteria

マリーナ周辺の海景を見ながら散策もおすすめです

クルーザーだけでなく
水陸両用機も発着します!

お店の半分以上を占めるテラス席で
瀬戸内海の潮風を満喫できます

店内にも席が用意されており
気分により、チョイスできます

お客様の目の前で。大きなパルミジャーノ
ブロックと贅沢にたっぷりトリュフをふり
かけて仕上げます

神勝寺卵を使ったカルボナーラトリュフ添え
(¥2,800)※トリュフの時価で価格変更の場合あり

手作りのジンジャーシロップを
使う、自家製ジンジャーエール
(¥500)

SOFU PASTA & CAFE

尾道市浦崎町1364-6
☎:084-987-2032
営:11:00-17:00(LO16:30)
18:00-※完全予約制
休:無休
席:ソファー5席・2席
テーブル34席
禁煙:分煙(テラス席のみ可)
P:あり(10台)※土日祝は20台
交通:山陽自動車道福山西IC
から車で約25分

良質な素材とシェフのこだわりを凝縮したメニューをぜひお楽しみください

店長 上野さん

デートや女子会、ご家族やお子様連れのお客様もぜひお越しください

スタッフ 厨子さん

http://www.bella-vista.jp/sofu.html

菜のはな

ONOMICHI

ナノハナ

瀬戸内の多島美を眺めながら絶品スイーツでほっこり

尾道からしまなみ海道を出発して2つめの島・因島にあるカフェテラス、菜のはな。自転車乗りでもあるご主人が「菜の花が咲く季節に皆さんが立ち寄れる店にしたい」という願いを込めて、生口橋を望むこの場所にカフェをオープンさせました。

メニューはいろいろありますが、特におすすめなのが奥様手作りのスイーツ。自家製八朔を使ったガトーショコラは、八朔の色味を活かすため、ホワイトチョコを使用。ここでしか食べられない絶品スイーツです。地元のレモンと純粋みかんはちみつを合わせたはちみつレモンも爽やかな甘みが喉に心地よい一品です。

Cafe terrace
菜のはな

店内には自転車関連のグッズも充実しています

海を眺めながら
のんびりカフェタイム

島随一のビューポイントにある菜のはな。窓の外には生口橋と瀬戸内の多島美が広がっています

はちみつレモン（¥480）

八朔のガトーショコラ（¥380）
※ケーキはドリンクとセットにした場合100円引き

手ぬぐいタオル ¥680

Tシャツ ¥2,484

サコッシュ ¥1,620

オリジナル缶バッジ 各 ¥200

ガーゼマフラー ¥1,404

菜のはな

尾道市因島田熊町4701-2
☎：0845-25-6787
営：8:30-18:00（LO17:30）
休：月曜・第3火曜　P：あり
席：21席、テラス6席
禁煙：分煙※ランチタイム禁煙、ただしテラス席のみ可
交通：しまなみ海道因島北ICから車で約10分、因島南ICから車で約1分
http://nanohana.littlestar.jp

眺めを楽しみながらゆっくりお過ごしください

ご主人
信亮さん

スイーツもお料理も、心を込めてお作りしています

奥様 裕美子さん

※ペットはテラス席のみ可

ヤードカフェ

Yard Café

店舗海側には便利なサイクルスルーカウンターがあります

ONOMICHI U2がプロデュース サイクリストフレンドリーなカフェ

世界有数のサイクリングルートであるしまなみ海道。その本州側の起点・尾道に誕生した複合施設、ONOMICHI U2内にヤードカフェはあります。

自転車に乗ったまま購入できるサイクルスルーカウンターや、手軽に食べられるサンドウィッチやエナジーバーなど、サイクリストへの配慮がいっぱい詰まったヤードカフェですが、ヘルシー志向のメニューは一般客にも大好評！なかでも珍しい形のナイフで食材を細かく刻むチョップドサラダは、作る過程を見るのも楽しい一品。他にも瀬戸内産の柑橘を使った自家製レモネードなど、カラダにやさしいメニューがいっぱいです。

建築家・谷尻誠氏、吉田愛氏デザインの洗練された空間

海運倉庫を改装したため、すぐそばに海があり船が行き交う様子を間近で見ることもできます！

瀬戸内レモネード(¥407〜)

チョップドサラダはナッツ類の入ったプレミアム(¥694)とスタンダード(¥556)の2種があり、ドレッシングは3種から選べます

TAKE OUT

クロワッサンダマンド ¥320

クロックドムッシュ ¥280

GOODS

備後絣ズタバッグ 小 ¥6,000

オリジナルマグ ¥1,000

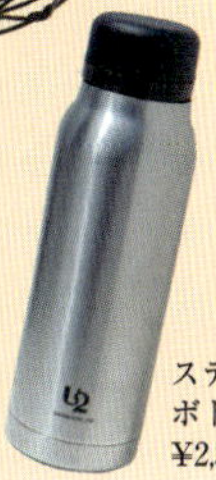
ステンレスボトル ¥2,500

Yard Café

尾道市西御所町5-11
☎:0848-21-0550
営:8:00-19:00
休:無休
席:21席
禁煙:禁煙
P:なし
交通:JR尾道駅から徒歩約5分
https://www.onomichi-u2.com

晴れた日はテラス席がオススメ！当店で元気をチャージしてください

スタッフ 宇田さん

併設するベーカリーの焼きたてパンもご一緒にお召し上がりいただけます

スタッフ 京泉さん

みなも

ONOMICHI

ミナモ

ドルチェのジェラートを使った贅沢スイーツはここだけの味！

〝みなも〟という名の通り、尾道水道のゆらゆら揺れる水面を身近に感じながら、ゆったりまったり過ごせるカフェ・みなも。窓からは尾道大橋とヨットハーバーを一望でき、尾道散策の休憩スポットにぴったりのカフェ＆レストランバーです。

もちもちの生麺を使ったパスタや日替わりランチなどのフードメニューも人気ですが、女子旅におすすめなのが、ドルチェのジェラートを贅沢に使ったオリジナルスイーツ。ドルチェのジェラートを扱うお店は他にもありますが、スイーツ仕立てで提供しているのはここだけ。厚切りトーストとジェラートのコラボは絶品です。

ハーバー CAFE & BAR

みなも

〜海の見える癒しスポット〜

ドルチェのジェラートを使ったスイーツが人気のみなも！

尾道散策の
小休止スポットにぴったり！

ヨットハーバーがすぐ近くに望める最高のロケーション。
ぷかぷか浮かぶヨットに癒されます！

厚切りハニートーストジェラートのせ(¥600)
この他にも女子旅にうれしいジャンボパフェ(¥1,800)や
びっくりメガパフェ(¥2,500)が人気！

TAKE OUT

ジェラート
シングル ¥320

ジェラート
ダブル ¥380

※コーンの場合もシングル・ダブル
どちらも同じお値段です

GOODS

みなもオリジナルワイン
赤・白 各 ¥1,800＋税

みなも

尾道市土堂2-10-14
☎:0848-24-7747
営:11:30-22:00
休:水曜
席:20席
禁煙:分煙
(ランチタイムのみ禁煙)
P:なし
交通:JR尾道駅から
徒歩約7～8分
Facebookあり

最高のロケーションと
波の音に癒されてください

オーナー しーちゃん

自慢のスイーツを
ぜひお召し上がり
ください

スイーツ担当 なおゆきさん

YAMANEKO MILL

ONOMICHI

ヤマネコミル

尾道海岸通りの ちいさなスーパーマーケット

尾道・福山エリアを中心に展開する居酒屋グループ「いっとく」がプロデュースするヤマネコ・ミルは、尾道海岸通りにあるテイクアウト専門のカフェです。

店内ではこだわりのコーヒーをはじめ、瀬戸内の柑橘類を中心としたドリンク、無添加ソフトクリーム、尾道プリンなどカフェメニューの他、厳選した食材や野菜、調味料をはじめ、アーティスト作品や雑貨などを通じて、ライフスタイルを提案する品物が幅広く販売されています。バラエティに富んだ品揃えは、まさに〝海岸通りの小さなスーパーマーケット〟。店内を見てまわるだけで幸せな気分になれるお店です。

YAMANEKO MILL

オープンは2014年。海岸通りの新しい顔、ヤマネコ・ミル

うみしま
カフェ
尾道

本格的なコーヒーの
香りに包まれた店内

こだわりの商品が所狭しと並ぶ店内。ドリンクを購入するとレジャーシートを貸してもらえます

季節のお野菜
グリーンスムージー
(¥410)

レモンジンジャー
スカッシュ(¥410)

たっぷり時間をかけて旨みを抽出する水出しコーヒー
(R ¥432、S ¥378)

尾道プリン
¥324

柿渋エプロン
¥9,936

オリジナル
ブレンドコーヒー
100g ¥648
200g ¥1,296

オリジナル
カップ
¥1,080

YAMANEKO MILL

尾道市東御所町5-2
☎:0848-36-5331
営:8:00-19:00
休:月曜
席:テイクアウト専門のため座席なし
禁煙:禁煙(外に喫煙スペースを設置)
P:なし
交通:JR尾道駅から徒歩約3分
Facebookあり

目の前の尾道水道を眺めながら、美味しいコーヒーをどうぞ!

歌さん

Little Kitchen ARUMO

ONOMICHI

リトルキッチンアルモ

穏やかな島景色を眺めながら のんびり過ごせるカフェ

知る人ぞ知る広島の名店「コーヒーハウス・イシイ」の2代目マスターだったオーナーが、ふるさとの瀬戸田町でオープンさせたリトルキッチンアルモ。生口島の海岸線を走る「しまなみサイクリングロード」途上にある同店は、潮風を感じながら、ゆったり流れる〝島時間〟を満喫できるお店です。

オススメの一品は瀬戸田産のレモンを使った「海老のレモンペッパー風味パスタ」。何度でも食べたくなる人気のメニューです。また、食べ応え満点のフォカッチャバーガーは、お腹を空かせたサイクリストに大人気！サイフォンで淹れた、オーナー自慢の香り豊かなコーヒーとぜひご一緒に。

Little《リトル》 Kitchen《キッチン》 ARUMO《アルモ》

気さくなオーナー夫妻が出迎えてくれる、アルモ

のんびり流れる島時間…
オーナー夫妻との会話も
お店を訪れる楽しみです

穏やかな瀬戸内の景色が一望できる店内。
晴れた日にテラス席で飲むコーヒーは最高の贅沢！

海老のレモンペッパー風味パスタ（¥880）は、平日ランチタイムのみサラダ・スープ付です。さらに＋200円でコーヒー or 紅茶がいただけます

コーヒー ¥430
（アイスコーヒーは＋50円）
サイフォンで淹れているから、
香りがとっても深い！

TAKE OUT

フォカッチャ
バーガー（MIX）
¥580
“バーガー”と付く
ところがポイント。
具だくさんで食べ応え
満点のフォカッチャは
アルモならではです!!

Little Kitchen ARUMO

尾道市瀬戸田町林20-1
ドルチェ敷地内
☎：090-2866-7802
営：10：30-19：00
※要予約で夜の部
（19：00-22：00）もあり
休：水曜　席：15席　P：あり
禁煙：分煙（テラス席のみ可）
交通：しまなみ海道生口島北IC
から約5分
http://little-kitchen.on.
omisenomikata.jp

自慢のコーヒーで
おもてなしします！

オーナー 大村さん

夏季はネルドリップ
方式の水出しアイス
コーヒーも人気です！

奥さま 陽子さん

※ペットはテラス席のみ可

ハンウテイ

文学のまち・尾道ならではの風情あふれる野点カフェ

尾道の歴史ある建物・出雲屋敷に隣接する帆雨亭。もとは出雲屋敷の庭の一部でしたが、現在は野点スタイルの喫茶店として、一般のお客様に開放されています。

志賀直哉旧宅にも近く、店内に設けられた「おのみち文庫」には、志賀直哉の貴重な初版本をはじめ、尾道ゆかりの文人たちの作品が数多く収められています。

また、お店ではなるべく地元の食材を使ったメニューを出している、というオーナー夫妻。夏場の一番人気、かき氷にかけるシロップも、すべて奥様の手作り。やさしい味の甘味をいただきながら見る尾道の景色は格別…。不思議と心が癒される懐かしい空間です。

帆雨亭

石畳の路地を歩いていくと、帆雨亭の看板が見えてきます

文学のまちにふさわしい
情緒あふれる空間

実際に手にとって読むこともできる「おのみち文庫」

四季折々の花が楽しめる野点席と築100年以上の茶室がある

黒糖寒天とお抹茶セット（¥780）

他にも季節の果実を使った生搾りジュースや手作りシロップのかき氷などが人気

GOODS

帆雨亭
オリジナルカップ
¥3,240

絵ハガキセット
¥515～

豆皿 丸
¥1,296

豆皿 長方形
¥1,080

帆雨亭

尾道市東土堂町11-30
☎:0848-23-2105
営:10:00-17:00
休:不定休
席:6席
禁煙:分煙（野点席のみ可）
P:なし
交通:JR尾道駅から徒歩約15分
http://onomichi.sakura.ne.jp/han-u/

心を癒す四季折々の花と高台から望む尾道の景色が皆様をお待ちしています！

ご主人 勝さん

※ペットは野点席のみ可

さくらCafé

ONOMICHI

サクラカフェ

和スイーツが味わえる
尾道山手の隠れ家的カフェ

春になると桜が美しい尾道・山手の宝土寺。その一角にある古民家をリノベーションしたさくらカフェは、心地よい〝尾道時間〟に包まれた魅力的なお店です。

まず、入って驚いたのは、尾道のまちが一望できる大きな窓！床材にはあえてエイジング加工を施した栗の木を使用するなど、店内の随所にカフェを営むご夫婦のこだわりが感じられます。

また、カフェには珍しい和スイーツが味わえるのも、このお店ならでは。料理上手の奥様がすべて手作りしたという和スイーツは、食べるのが勿体ないほどの美しさ…。隠れ家的な雰囲気の中、特別な旅の時間が過ごせるお店です。

宝土寺内にあるので、古寺巡りの休憩にぴったり！

こだわりの空間で過ごす
贅沢な"尾道時間"

昔懐かしい木枠の窓は大正時代のアンティーク。少し歪んで見えるガラスもなんだか味わい深い

季節の和菓子(¥500～)とコーヒー(¥470)

冷やしぜんざいココナッツアイス、キンカンコンポートのせ(¥500)

広告関連の仕事をされていたご主人の趣味はカメラ！

旅のお土産に写真談義に花を咲かせてはいかが？

残念だけどお店には出勤していないニャ～

ご夫妻の愛息子
ふうちゃん♡

さくらCafé

尾道市東土堂町9-16
☎:0848-22-6555
営:平日11:00-17:00
　土日祝10:00-17:00
休:水曜、第1・3火曜
席:20席
禁煙:禁煙
P:なし
交通:JR尾道駅から徒歩約9分
ブログ http://hohdoji.exblog.jp

当店ならではの
贅沢な尾道時間を
お愉しみください

ご主人 政好さん

カフェには珍しい
和スイーツを
ご用意しています

奥様 むつみさん

※未就学児同伴の入店は不可

グリル展望

ONOMICHI

グリルテンボウ

展望台からの美しい眺望も自慢のメニューのひとつ

尾道観光の象徴的存在でもある千光寺山頂の展望台。その2階にあるのがグリル展望です。総ガラス張りの店内からは、箱庭のような尾道の景色と瀬戸内の島々、しまなみ海道が一望できます。

店内のメニューは、フードもデザートも、麺類以外はすべてテイクアウトOK。そのうち、最も人気なのが18種類もあるソフトクリーム。なかでもグリル展望オリジナルのはっさくみかんソフトは不動の人気ナンバー1。

また、ここでしか食べられないご当地丼も大好評。ちなみにスタッフの最近のイチ押しは〝レモン風味イカ天と広島産カキフライの卵とじ丼〟だそうです。

グリル展望

尾道のシンボル的存在・千光寺展望台内にあるグリル展望

うみしまカフェ 尾道

尾道の一番高い場所で
食べるスイーツは最高

瀬戸内みかん
サイダーフロート(¥650)

目の前に広がる尾道のまちのパノラマビュー。
この美しい眺望もグリル展望の自慢のメニュー！

イチゴぜんざい
(¥630)

レモン風味イカ天と
広島産カキフライの卵とじ丼(¥1,260)

GOODS

上野重治
尾道絵ハガキ
¥600

恋人の聖地
ハートロック
¥1,080

グリル展望

尾道市東土堂町20-2
☎:0848-23-9801
営:9:00-17:00
休:不定休
席:60席
禁煙:禁煙
P:あり(有料)
交通:JR尾道駅から車で
約15分

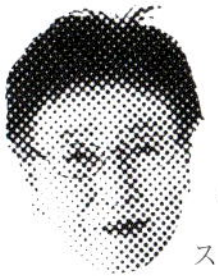

日本遺産に認定された
景色も自慢です！

スタッフ 猪野さん

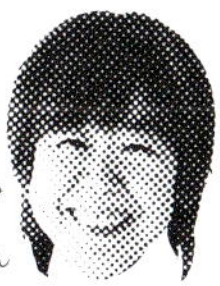

まごころ込めて
お作りしています

スタッフ 高橋さん

※ペットは盲導犬・介助犬のみ可

The Flying Pieman

ONOMICHI

ザフライングパイマン

オーストラリアの伝統的な味、ミートパイが食べられるお店

２０１４年に尾道本通り商店街に移転オープンした、ザ・フライング・パイマン。店主のトニーさんがつくるオーストラリアの伝統的な味、ミートパイが人気のお店です。

お店で食べられるパイは全5種類(お土産用の冷凍パイはさらにたくさんの種類が)。暖かい季節はテイクアウトしたパイをかじりつつ、ぶらぶら歩くのが尾道散策の定番となりつつあるようです。

また、腰を下ろして落ち着きたいという方には、古い薬屋さんをリノベーションした店内もおすすめ！お店の一角では写真家でもあるトニーさんが作ったオリジナル絵葉書と栞も販売されています。

The Flying Pieman

正面ドア横の窓から気軽にテイクアウトできます！

人気沸騰のミートパイ
ネット通販も展開中！

落ち着いた照明が心地よい店内。
お店の一角には薬屋さんだった頃
の古い井戸も残されています

パイ・ドリンクセット（¥950）
※お好きなパイとドリンク、
プチデザートのセット

小腹が空いた時に
ぴったり！

ミート
オニオン
チーズ ¥395
※店内では¥480

10個買うと1個無料です！
お土産用冷凍パイ
1個 ¥350〜

TAKE OUT

手作りハガキ
1枚 ¥125、5枚 ¥500

GOODS

手作り栞
1枚 ¥60、3枚 ¥150

The Flying Pieman

尾道市土堂1丁目7-4
☎:080-2917-1930
営:土日10:30-17:00
休:月曜〜金曜
席:20席
禁煙:禁煙
P:なし
交通:JR尾道駅から徒歩10分
http://www.flyingpieman.jp

本場オーストラリアの味を
ぜひお召し上がりください

トニーさん

ミートパイをお供に
尾道散策を
お楽しみください

郁美さん

Chai Salon Dragon

ONOMICHI

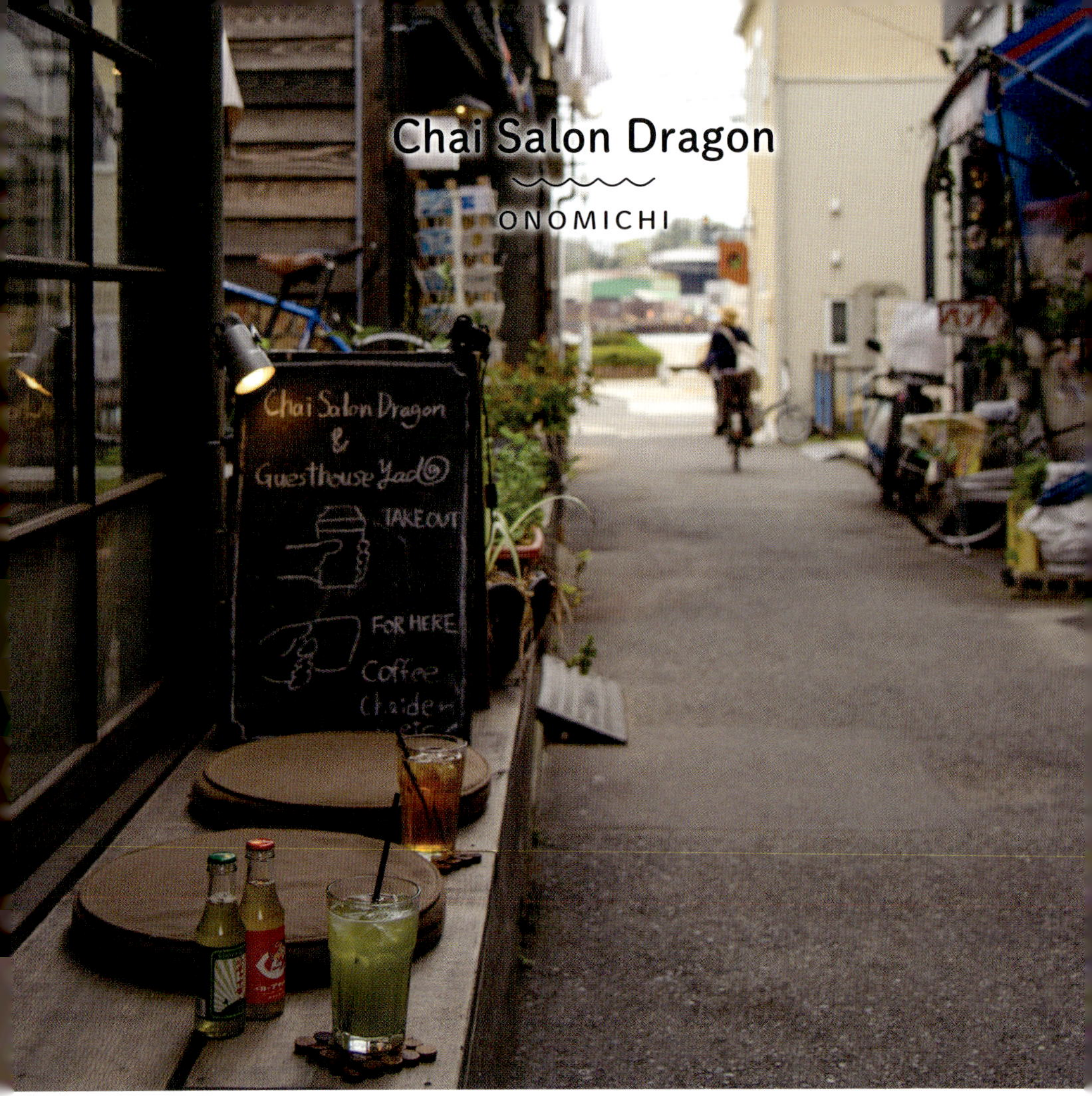

チャイサロンドラゴン

ゲストハウスを併設した、人と情報が行き交うカフェ

最近、尾道で増加中のゲストハウス。その一つ、ヤドカーリを併設するカフェ、チャイサロン・ドラゴン。オーナーの村上さんは尾道のまちづくりの中心人物で、大学でまちづくりの講義も行っているというユニークな人物です。

「人と情報が行き交う店」をコンセプトにオープンしたこのカフェにも、「村上さんに会いに来た！」といって訪れるお客様が少なくないそうです。

看板メニューのチャイダーも、そんな村上さんのまちおこしアイデアの一つ。尾道・今川玉香園のお茶と向島・後藤鉱泉のサイダーを絶妙にブレンド。一度飲むとハマっちゃう不思議な味です。

Dragon

村上さんとスタッフが手作りでリノベしたカフェドラゴン

手づくりハンモックに
ゆられてまったり

築100年ほどの古民家をカフェとゲストハウスに改築。腰を下ろして縁側感覚でくつろげるスペースで、いつまででもくつろげそうな"気軽さ"が魅力！

チャイダーグリーン(¥450)
チャイダーオレンジ(¥450)
※ボトルタイプは¥270になります

ステッカー 各 ¥200
バッヂ 各 ¥200

ペーパークラフト
¥500

カープ
チャイダーTシャツ ¥3,500
サイズ・カラー各種あり

Chai Salon Dragon

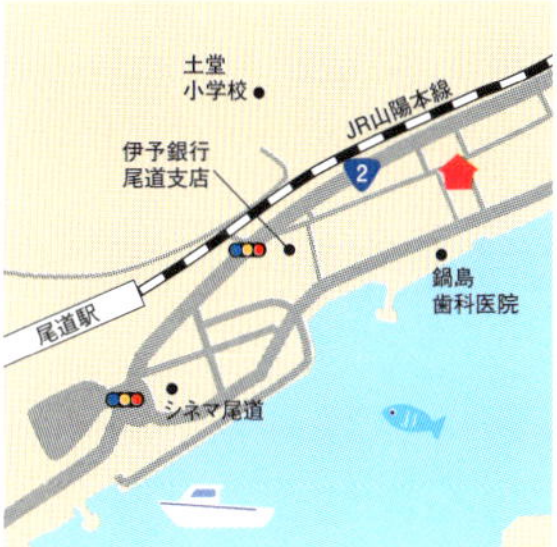

尾道市土堂1-9-14
☎:0848-24-9889
営:平日12:00-20:00
　土日祝10:00-20:00
休:不定休
席:20席
禁煙:分煙
P:なし
交通:JR尾道駅から徒歩約5分
http://chaider.jp/

地元ならではの
役立つ観光情報を
お教えします！

スタッフ カオリさん

ゲストハウスを併設しているので
外国の方ともお話しできますよ

スタッフ ヨウスケさん

カフェクオーレ

ONOMICHI

カフェクオーレ

耕三寺博物館・未来心の丘の丸ごとアートなカフェ空間

耕三寺博物館・未来心の丘内にあるカフェクオーレ。すべて大理石で作られた未来心の丘は、広島県出身の彫刻家・杭谷一東さんが手がけたもので、その一角に設けられたカフェも大理石づくり。一つひとつカタチが異なるテーブルやイスも杭谷さんによるオリジナルデザイン・プロデュースの、丸ごとアートな空間です。不思議な造形の窓から眺める、瀬戸内ののどかな島の景色はどこかエキゾチックで、新しい瀬戸田の美しさを垣間見た気分になります。

丘の中央にある光明の塔は「仏教護法の十二天より日天が放つ希望の光」を意味し、新しいパワースポットとして人気急上昇中！

Caffé Cuore
カフェクオーレ

店名のクオーレとはイタリア語で「真心」という意味

不思議と心が
落ち着く異空間

パワースポットとして
人気の光明の塔

カフェ内には耕三寺ゆかりのアーティストたちの
絵画や造形作品なども展示されています

ブラッドオレンジジュース
(¥400)
レモンスカッシュ
(¥480)

GOODS

蓮の種 ¥200
耕三寺の蓮の花から
とれた種です

孝行味噌
柚子 ¥690
鯛 ¥940

オリジナル
お香
¥800

レモンチェッロ ¥3,200
瀬戸田のレモンで作ったリキュール。
ソーダ割りやアイスクリームにかけて

カフェクオーレ

尾道市瀬戸田町瀬戸田553-2
☎:0845-27-0755
営:10:00-16:30(LO16:15)
休:無休
席:30席
禁煙:禁煙
P:あり
交通:生口島北ICから約10分
http://www.kousanji.or.jp

大理石に囲まれた店内で
別世界のような不思議な
感覚とゆっくり流れる時
間をお楽しみください

三木さん

※カフェの利用には耕三寺博物館の入館料が必要

立花食堂

ONOMICHI

タチバナショクドウ

地元食材でヘルシーランチ雑貨店を併設した島の食堂

しまなみ海道サイクリングの人気スポット、尾道・向島にある立花食堂。元保養施設をリノベーションしたお店の前には広々とした芝生の庭が広がり、海を眺めながらのんびりランチやお茶を楽しむことができます。

おすすめメニューは地元の食材にこだわった日替わり定食をはじめ、やさしい味のラーメンや海鮮丼など。食堂で使われているシンプルで使い勝手のよい器は地元の作家さんによるもの。併設する雑貨ショップl:ife:styleで購入することができます。

食事の後は庭に設置された無料の足湯につかって、潮風を感じながらたっぷり癒されてください。

立花食堂

食堂の庭には足湯を設置。サイクリストたちにも好評です

日替わり定食（¥1,000）
※本日のメニューは鮭のムニエルマスタードソース添え、卯の花煮、デコポン、冷奴、自家製ピクルス、お味噌汁

シンプルで居心地の良い店内

お洒落な雑貨&洋服のお店も併設しています

人気の足湯！

尾道・藤井製帽の麦わら帽子
¥7,000
ワンピース
¥9,000
お魚ポシェット
¥4,500
オリジナルブランドの子供服も人気
豆皿 ¥500
小鉢 ¥800
お茶碗
¥1,300

立花食堂

尾道市向島町立花287-1
☎：0848-36-5662
営：11：00-14：30（LO14：00）
休：火曜、第2・4水曜
席：30席
禁煙：分煙（店外に喫煙スペースを設置）
P：あり
交通：JR尾道駅から車で約15分
Facebookあり

美しい島の景色と立花食堂の美味しいランチで

USHIO CHOCOLATL

ONOMICHI

ウシオチョコラトル

USHIO CHOCOLATL

建物が見える辺りからチョコレートの香りが漂ってくるかも？

ワイドなオーシャンビューを出来立てチョコの香りとともに

尾道市街地から見える向島、その裏側に位置するチョコレート工場「ウシオチョコラトル」。高台にあるため眼下に港町、その先に広がる瀬戸内のしまなみ風景をながめながら、オリジナルのチョコレートやドリンク類を休憩スペースのお好きな席でいただけます。

こちらでつくられるチョコレートは、産地と直接交渉してカカオ豆を仕入れ、生産、パッケージと販売までの工程すべてを手がけるという、国内ではまだまだ珍しいスタイルのもの。産地別に数種類あるのでお好みでチョイスが可能。きっと、あなたがまだ知らないディープなチョコレートの世界が広がるはずです。

うみしま
カフェ
尾道

種類ごとに異なるパッケージは地元の作家さんなどとのコラボレーションです♡

ジャンクとレトロが同居するなんとも居心地のいいインテリアセレクト

本気のチョコレートには本気のコーヒーのコンビネーションを

TAKE OUT

産地別ほか、滑らかな食感のスムースタイプとザラっとしたクランチタイプがあります
¥756～

スパイシーだけど、ほんのり甘みが。やみつきになりそう！チョコレート工場のカカオソーダ
¥540

GOODS

塩川 愛作の手ぬぐい
¥1,080

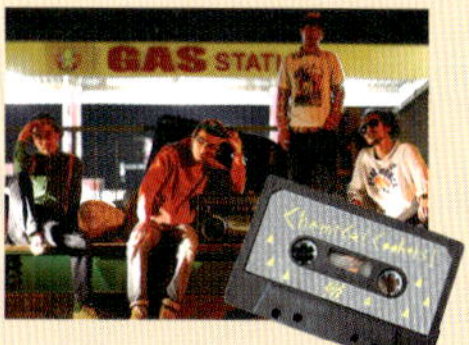
工場のメンバーはヒップホップバンド「ケミカルクッカーズ」として本気で活動中。こちらはその音源 ¥1,500

USHIO CHOCOLATL

尾道市向島町立花2200
立花自然活用村管理センター2F
☎:0848-36-6408
営:9:00-17:00
休:火曜・水曜
席:テーブル20席
禁煙:禁煙
P:あり(5台)
交通:西瀬戸自動車道向島IC
から車で約13分
http://ushio-choco.com/

産地ごとにそれぞれ個性が！いろいろ試してみてください♪
スタッフ NIJICOさん

フランクなチョコ職人たちに何でも聞いてください！
スタッフ マコロンさん

ネジロカフェ

一軒家2階の隠れ家的カフェ 船乗り気分でのんびり

海沿いに立つ一軒家の2階で、ひっそりと営業する隠れ家的カフェ。外付けの階段を上ってドアを開けると、船内をイメージしたかわいらしい空間が広がります。

評判の「たこつぼカレー」は三原の特産〝やっさタコ〟の空揚げをトッピング。ルーは時間をかけて炒めた玉ねぎの甘さを生かしつつ、少しピリ辛に仕上げてあります。甘いものなら「選べるデザートプレート」がおすすめ。3種類から1つ、またはハーフサイズ2種類を選べます(ランチ後は300円の追加、単品は500円で)。

訪れるたびに、前とは違う海の景色が目の前に。窓際のカウンター席が人気です。

1階の黒板で営業時間やお勧めメニューなどをチェック

うみしま
カフェ
三原

船や貝殻などをモチーフにしたインテリアに船乗り気分がUP

たこつぼカレー
サラダ、ドリンク付き(¥1,000)

三原在住の作家「ナチュラルクラフト」さんの雑貨や植物も販売。人気です

1階はアンティーク雑貨店。
ガラスの照明など海グッズが充実

NEJIROcafe

三原市糸崎8-14-25
☎:0848-68-1218
営:モーニング9:00-
ランチ11:00-14:30
カフェ14:30-17:00(LO16:30)
休:水曜、第1・3火曜
席:25席
禁煙:禁煙
(カフェタイムは喫煙可)
P:あり
交通:JR糸崎駅から車で約5分

私が好きな海は、晴れの日のランチタイムです

店長 平原さん

当店の人気者、船長さんのスノーボールです。会いに来てくださいね

RISTORANTE ZONA FORTUNATO

MIHARA

リストランテ ゾーナ フォルトゥナート

海しか見えないリゾートカフェ
〝海のごちそう〟を存分に

すなみ海浜公園内にあり、〝海しか見えない〟リゾート感あふれるカフェ。瀬戸内の海の幸を中心にしたイタリア料理の店で、「海のごちそうランチ」が人気です。

店内は2階までの吹き抜けで全面ガラス張り。全席から海の景色が楽しめます。店内の隅々に自然光がたっぷりと降り注ぎ、まるで屋外にいるような開放感です。テラス席には、リードフックを設置。ペットと一緒に、海の散歩とランチを楽しんでみては。

見事な景色と居心地のよさ、料理を目当てに、県内外から多くの人が来店。週末は予約するのが得策です。ライブや結婚式にも対応してくれます。

店頭にはフレッシュなオレンジをディスプレー

オレンジの生搾り
ジュースも人気

どの席からでも、瀬戸内の
多島美を楽しめます

5種類のスイーツを載せた
「デザートプレート」(¥780)

ランチ「フィッシュ&パスタ」(¥2,580)
メインは牡蠣や真鯛。前菜などもセットに

店内奥には、ゆったりくつろげる
ソファ席を配置

RISTORANTE ZONA FORTUNATO

三原市須波西すなみ海浜公園内
☎:0848-81-2055
営:夏期11:00-18:00(LO17:00)
冬期17:00まで
※ディナーは完全予約制
休:月曜(祝日の場合は営業、翌日休み)
席:50席
禁煙:禁煙(テラス席は喫煙可)
P:あり
交通:国道185号沿い、
すなみ海浜公園入口

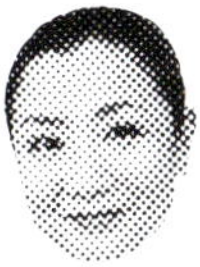

季節ごとにスペシャル
メニューを企画します
のでお楽しみに!

マネージャー
竹光さん

夏限定の
焼きカレー

※テラス席はペット可

CAFÉ HOXTON

TAKEHARA

カフェホクストン

好きな海の色を待ちながら時間を忘れてゆっくり

青空を映した真っ青な海が、次第に群青色へと変わり漆黒の海へ。吹き抜けの大きな窓からは、しまなみ海道の多々羅大橋や大三島、阿波島、晴れた日には遠く四国の石鎚山まで見えるパノラマミックな景色と、青のグラデーションを楽しめます。

料理は地の食材を使ったパスタやピザなどがあり、お得なランチもあります。「チンバリー」のエスプレッソマシンで淹れたカプチーノや自家製デザート、そして体に吸いつくような天童木工の椅子の心地よさもじっくりと味わいたいもの。好きな海の色になるのを待ちながら、時間を忘れて過ごしたいカフェです。

CAFÉ HOXTON

海沿いにあり、片流れの屋根が目印

おいしいランチと心地良いサウンドにお腹も心も満たされます

船のデッキをイメージしたテラス席

カウンター席ではJBLのスピーカーから流れる音を堪能

人気のランチは地ダコとオリーブのトマトソースパスタ。前菜付き(¥1,260)

ミッドセンチュリーデザインのアンティーク食器や、手作り雑貨を販売

CAFÉ HOXTON

竹原市忠海長浜3-4-10
☎:0846-24-2011
営:11:00-日没まで
休:月曜(祝日の場合は営業、翌日休み)
席:カウンター4席、個室4席、テーブル22席、テラス12席
禁煙:禁煙
P:あり(10台)
交通:河内ICから車で25分、JR安芸長浜駅から徒歩15分

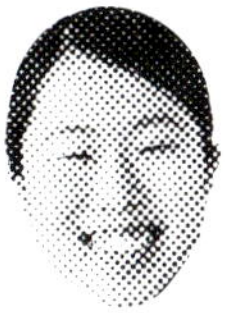

海と音楽で静かにゆっくりと過ごせるお店です

スタッフ 竹中さん

※テラス席はペット可

ETTA JAZZ CAFE

ETAJIMA

エッタジャズカフェ

のびやかな海の景色と ジャズサウンドに魅了

目の前に広がる青い空と海、そして淡い島影。ここはそんな美しい瀬戸内海の景色を、心ゆくまで楽しめるカフェです。

　ハンモックやデッキ席もある気取りのないガーデンスタイルで、大音量のジャズサウンドが大らかな風景と心地よく響き合っています。広い庭では、春から夏にかけてサクラやスイレンの開花も楽しめ、時には店内や屋外でジャズライヴも開かれます。

　ここを訪れる方は、国籍も年齢も様々。ビーチからカヤックで、自転車や車を走らせ、マスターの肉料理やパスタを味わい、海辺の開放感や音楽を、時間を忘れて楽しんでゆくそうです。

開放感のあるガーデンスタイルのカフェ

カヤックで訪ねてくる
お客さんもいます

ハンモックで、デッキで、シーサイドバルコニーで。お気に入りの場所で気ままにくつろげます

様々な楽器が並ぶ店内。クリアな音が自慢のスピーカーはNHKのスタジオモニターで使用されていたもの

敷地内には宿泊できるキャンピングカーも用意（4名まで、別途料金）

ポーク風ステーキ（¥1,500）
ビール（オーストラリア産フォスター）（¥500）

ETTA JAZZ CAFE

江田島市沖美町是長1751-3
☎：080-3872-8569
営：土日祝10：30-20：00
　平日11：30-20：00
休：不定
席：テーブル50席（屋外含む）
　個室4席（キャンピングトレーラー）
禁煙：喫煙可　P：あり（10台）
交通：広島宇品港からフェリーで約40分の江田島・三高港から車で約5分（自転車約15分）
Facebookあり

ここは季節によって様々な表情が楽しめる場所です。ゆったり昼寝するつもりで、くつろいでください

オーナー 山本唯夫さん
（ニックネームはTeddy）

※キャンピングトレーラーで宿泊もOK。ライヴ演奏も開催（不定期）

波輝カフェ

KURE

ナミキカフェ

プライベートビーチが
穏やかな時を刻むカフェ

目の前がビーチ、というよりこの七浦海水浴場は波輝カフェが運営する、私営海水浴場です。呉から車で約30分ほど、海岸沿いの少し奥まった場所にあります。

カフェに入ると一面のガラス壁で、海と空、そして島影の美しい風景が見晴らせます。産みたて卵や旬の野菜を使ったランチは絶品で、心も身体も元気になりそうです。

店内でくつろぐ2匹の犬や、新鮮な卵を提供してくれる鶏、カメのお世話もスタッフのお仕事。インテリアや海の中にある飛び込み台も全部スタッフの手づくりです。

夏には海の家として屋台や桟敷席もオープンし、多くのお客さまが訪れ、賑わいます。

呉在住のこだまこずえさんによるペインティング。テーマは「人魚姫と人鳥王の禁断の恋物語」

うみしま
カフェ
呉

店内には大型犬も入れます。
屋外にはドッグランも

夏の間は海の家もオープン

幻想的な海の景色が広がる店内。
海側にはシーサイドデッキもあり、
足元には海が広がっています

プチ田舎体験ランチ(¥1,000)
自分で鶏舎に産みたて卵を取りに行き
鰹節を削るという体験ができます

犬用手づくりリード
¥1,200

エッグポマンダー ¥500

犬のおやつ
「鹿肉くんせい」ほか
¥500〜

波輝カフェ

呉市安浦町安登1048-160
(七浦海水浴場内)
☎:080-6244-0705
営:10:30-18:30　休:無休
席:テーブル7席、カウンター5席
　シーサイドデッキ2席
禁煙:喫煙可　P:あり(多数)
交通:呉市内から車で約30分、JR安芸川尻駅から呉市生活バス乗車、「小用2丁目」バス停徒歩10分
http://namikicafe.net

オーナー 洋次郎さん

目の前は海、振り返れば山。
自然に囲まれて
ゆったりお過ごしください

※夏季は屋台営業あり。宿泊(1日1組)や桟敷席も利用できます

天仁庵

KURE

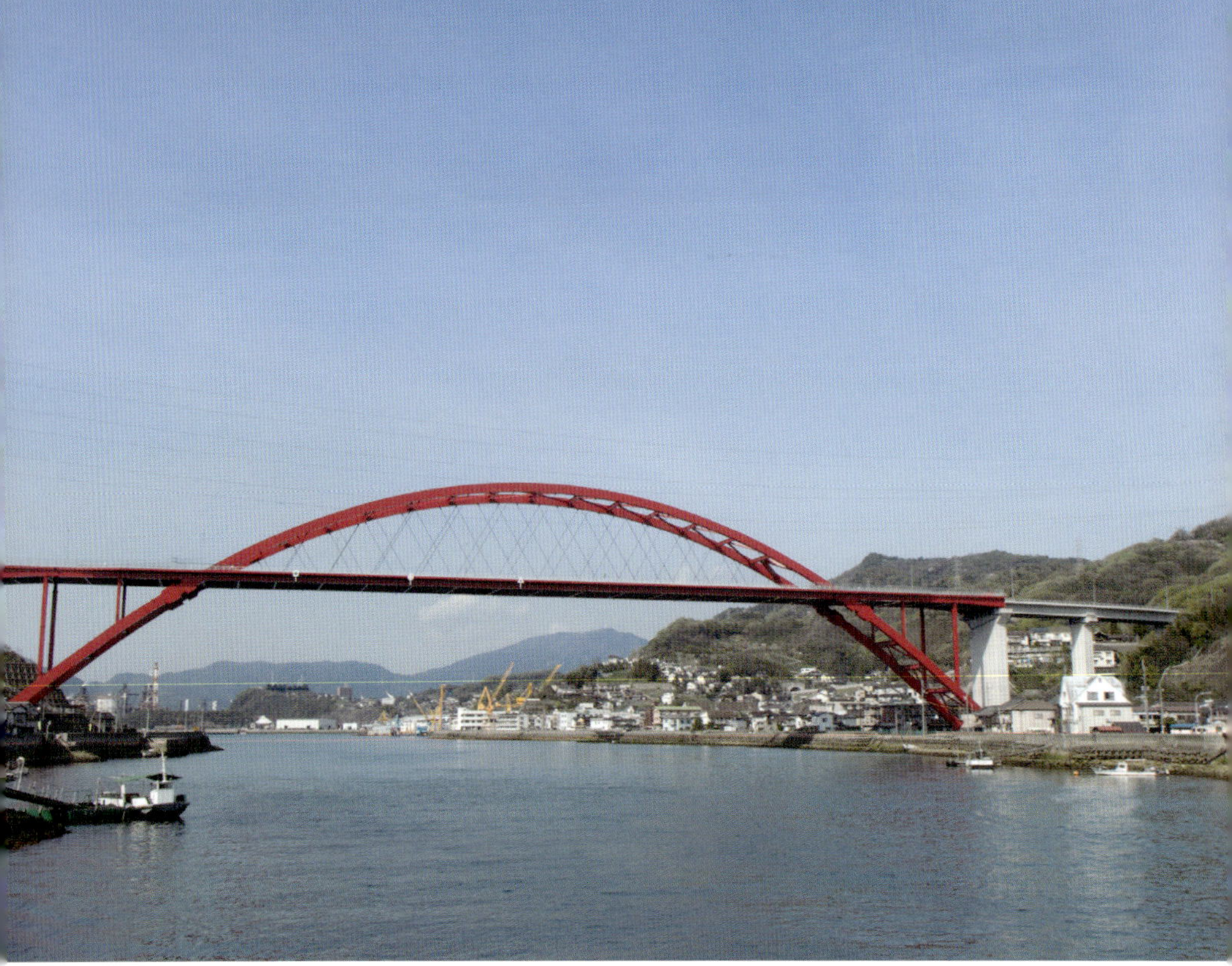

テンジンアン

天仁庵

格子と白壁が印象的な佇まい。130年続く呉服屋を改装

音戸大橋のたもとにある 情緒ある白壁のカフェ

平清盛が夕日を招き返し1日で切り開いたという伝説で知られる音戸ノ瀬戸。現在では、真紅のアーチ橋が架かった素晴らしい眺めが楽しめます。

天仁庵は、この音戸大橋を渡ってすぐ。かつて港町として栄えた面影を残す商店街にあります。ここは代々続いた呉服屋でしたが、5代目オーナーによって風情ある和カフェ&ギャラリーとして生まれ変わりました。地元の食材を使ったランチや、ワッフルなどのスイーツは、お腹も心もやさしく満たしてくれます。

また、店内ギャラリーで販売しているオリジナル食材やオーナーが選んだ雑貨は女性に好評です。

美しい庭を眺めながら
ゆったりとした時間が
過ごせます

古民家ならではの大空間を生かしたカフェ&ギャラリー。梁やステンドグラスがレトロな趣

窓の外には日本庭園。池では鯉が悠々と泳いでいます

旬の素材を使った11品目のお膳。コーヒー&デザート付き
Shunpuランチ(¥1,780)

GOODS

音戸ちりめんと
かつおぶしの
ふりかけ
¥980

粟国の塩で
つけた梅干し
¥1,296

地元作家・
佐々木しずさんの
コーヒーカップ ¥3,000
ソーサー ¥4,500

天仁庵

呉市音戸町引地1丁目2-2
☎:0823-52-2228
営:10:30-18:00
休:木曜
席:テーブル16席、座敷14席
　カウンター2席
禁煙:禁煙　P:あり(10台)
交通:広島市内から車で約1時間、呉ICから約30分。
　音戸大橋を渡ってすぐ
http://tenjinan.jp

落ち着いた雰囲気の中で、食事をお楽しみください

店長
(かずた呉服店5代目)
数田裕一さん

P

※お子さまプレート(ランチ)もあり

船宿cafe若長

KURE

フナヤドカフェワカチョウ

江戸時代の船宿カフェで海を見ながらまったりと

瀬戸内海に浮かぶ大崎下島は、「とびしま海道」にある島の１つとして知られています。中でも御手洗は江戸時代に風待ち、潮待ちの港町として栄えました。

ここで紹介するカフェ「若長」は、宇和島藩・大洲藩指定の船宿だった建物をリノベーションして２０１１年にオープンしました。

２階の座敷席では瀬戸内海の島々や高燈籠を眺めながら、島の柑橘を使ったスイーツやランチなどが味わえます。

人気の「レモンぜんざい」は、夏場はクールな味わいでどうぞ。

営業は土・日・祝のみ。このエリアは町並み保存地区に指定され、街全体が見どころたっぷりです。

江戸時代の船宿の面影が残る古民家カフェ

うみしま
カフェ
呉

カフェ周辺にも趣ある建物が多く残されています

格子に飴色の天井。窓の外には港と燈籠。まるで江戸時代にタイムスリップしたような気分です

レモンまるまる1個分を搾った「大長レモンクリームソーダ」(¥500)

香りのいいレモンの皮と島で取れたところてんが入った「冷やしレモンぜんざい」(¥500)
(春・秋・冬は温かいレモンぜんざい)

TAKE OUT

大長みかんジュース ¥400
ほかジュース類は全て
テイクアウトOK

レモン
手ぬぐい
¥1,080

GOODS

とびしまの恵み
"レモンかりんとう"
¥450

御手洗
みかんろうそく
¥350

特産品ジャム ¥530

船宿cafe若長

呉市豊町御手洗住吉町325
☎:090-4483-3141
営:土日祝11:00-17:00
休:月曜～金曜(祝日除く)
席:テーブル7席
禁煙:分煙(縁側のみ可)
P:1台、その他近隣に
無料駐車場あり
交通:広島・呉方面から安芸灘大橋
(有料)を渡り、さらに車で約40分
wakacho.yell90.com/

美しい海を見ながら、ゆったりとした時間を楽しんでください

店主 井上さん

※ペット、喫煙は縁側のみ可

cafe SLOW

KURE

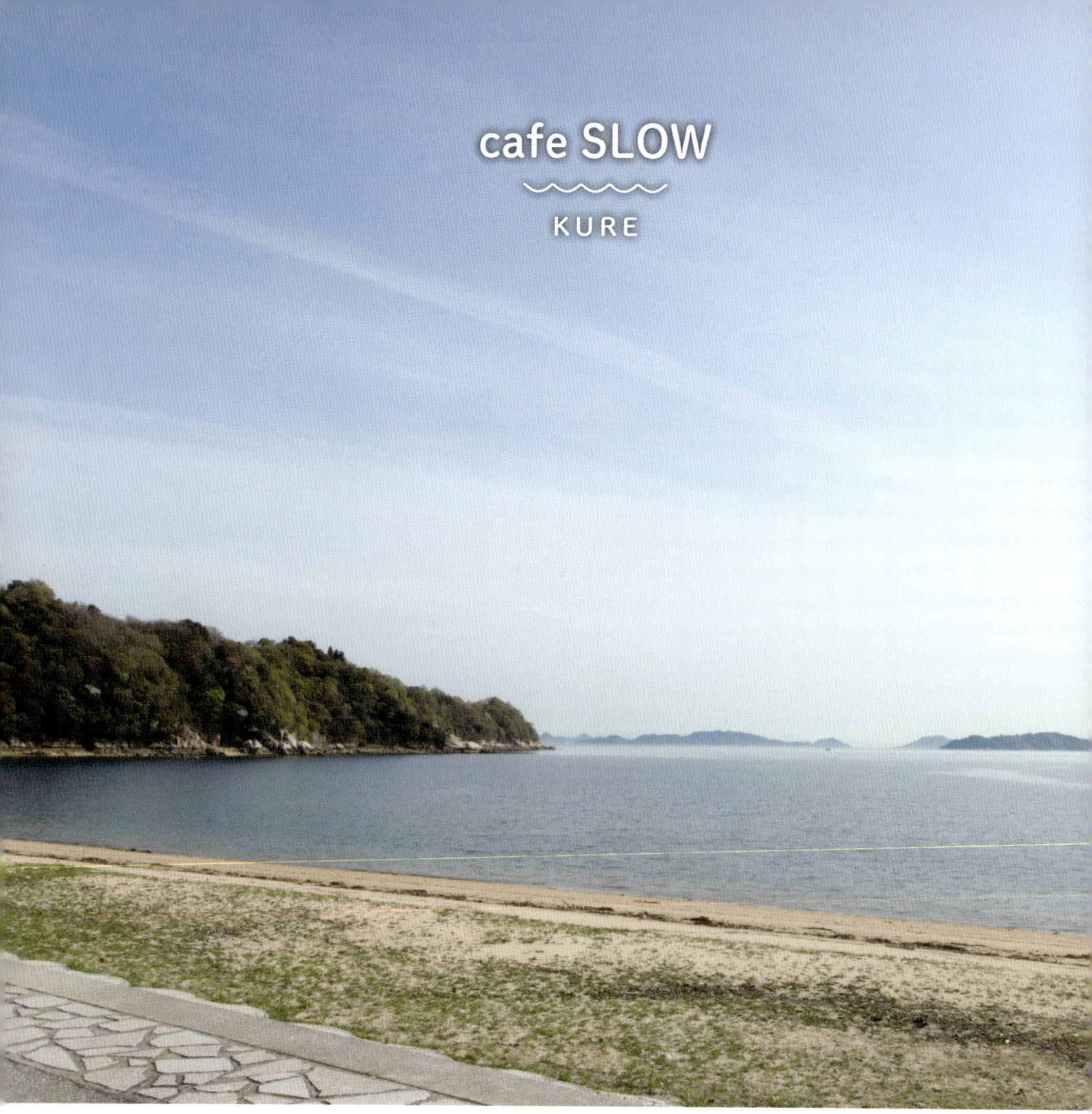

カフェスロウ

ゆったりした島時間が心地よいスロウな空間

リゾート感あふれる空間と島の食材を使ったメニューが人気のカフェスロウ。すぐ目の前は桂浜ビーチで、夏は海の家としてにぎわいます。

実はこの建物、もとは公共施設だったそうで、「機械よりも人の手を。時代の流行よりも、古き良き物を」というスタッフの想いと手作業で、２０１５年にカフェへと生まれ変わりました。

カフェ横にはＢＢＱ小屋(冬は牡蠣小屋)も併設しており、手ぶらでＢＢＱ（１８００円〜）を楽しめます。さらに、サップのレンタル(2時間　３０００円)もしており、夏のお出かけにはもってこいです。

CAFE SLOW

物産店がスタッフの手で、開放感あふれるカフェに変身

うみしま
カフェ
呉

明るく開放感のある店内。
ビーチが目の前!!

お気に入りのソファーで時間を忘れてくつろげる。カウンターやテラス席も用意

「倉橋産ボイセンベリーのフレンチトースト」(¥800)
倉橋のレモンを使った「瀬戸内レモンスカッシュ」(¥550)

GOODS

甘酸っぱく爽やかな
味わいの倉橋名産
「ボイセンベリーソース」
大 ¥1,650、小 ¥1,000
※ジャムも入荷あり

イカ唐揚げと
カレーマヨネーズの
相性が抜群
「倉橋イカサンド」
¥750

TAKE OUT

ロゴ入りのビンが
かわいい
「自家製プリン」
¥400
(ビン代 ¥100含む)

cafe SLOW

呉市倉橋町551 万葉の里
☎:0823-53-1141
営:11:00-21:30
休:月曜
席:テーブル25席、個室10席
カウンター6席
禁煙:喫煙可
P:あり(15台)
交通:呉から車で約30分、
倉橋島の桂浜ビーチ前
http://www.cafeslow.net

手づくりの空間でスロウな
島時間をお過ごしください

藤井店長

バケットでつくった
巨大なフレンチトーストは
ボリューム満点。おススメです

スタッフ 升谷さん

※店内にはキッズコーナーあり、ペットはテラス席のみ可

seaside cafe ALPHA

KURE

シーサイドカフェアルファ

seaside cafe ALPHA

桂浜海水浴場から見ると、
塔のような個性的な外観

美しい海を見ながら味わう スペシャルティコーヒー

まるで船に乗っているような気分が味わえるオーシャンビュー。ここは日本の渚100選に選ばれた、倉橋島の桂浜海岸にあるシーサイドカフェ　アルファです。

レトロな趣の宿泊施設とモダンなカフェという不思議な組合せが非日常的で、何とも心地よく感じられます。店内は海の風景が主役のミニマムなインテリアで、ゆったり静かな時間が流れています。

農園から直接買付けたスペシャルティコーヒーや倉橋産の食材を使ったランチ、イギリス風パンケーキ「クランペット」など、メニューの1つ1つにもオーナー夫妻のセンスとこだわりが感じられます。

美しい海や空を眺めつつ、のんびり読書も楽しめます

店内には東京渋谷の古書店「Flying Books」オーナー山路氏がセレクトした本棚を併設

倉橋産の新鮮な食材を使った「週替わりランチセット」(¥900)

スペシャルティコーヒー(ブレンド ¥450 シングルオリジン ¥550〜)

クランペットのバニラアイスとアップルシナモン添え(¥550)

seaside cafe ALPHA

呉市倉橋町576-7
(シーサイド桂ヶ浜荘1階)
☎:0823-53-1311
営:7:30-18:00
休:水曜
席:テーブル12席、ソファ2席
　カウンター8席
禁煙:禁煙　P:あり(5台)
交通:呉市内から車で第2音戸
　大橋経由約35分
Facebookあり

宿泊施設も併設しているので、ゆったりした島時間を楽しんでください

オーナーご主人
天本雅也さん

すばらしい風景と島のおいしい野菜を使った料理を楽しみにおいでください

オーナー奥様
天本奈津子さん

※テラス席もあり

Maison du Ruban

HIROSHIMA

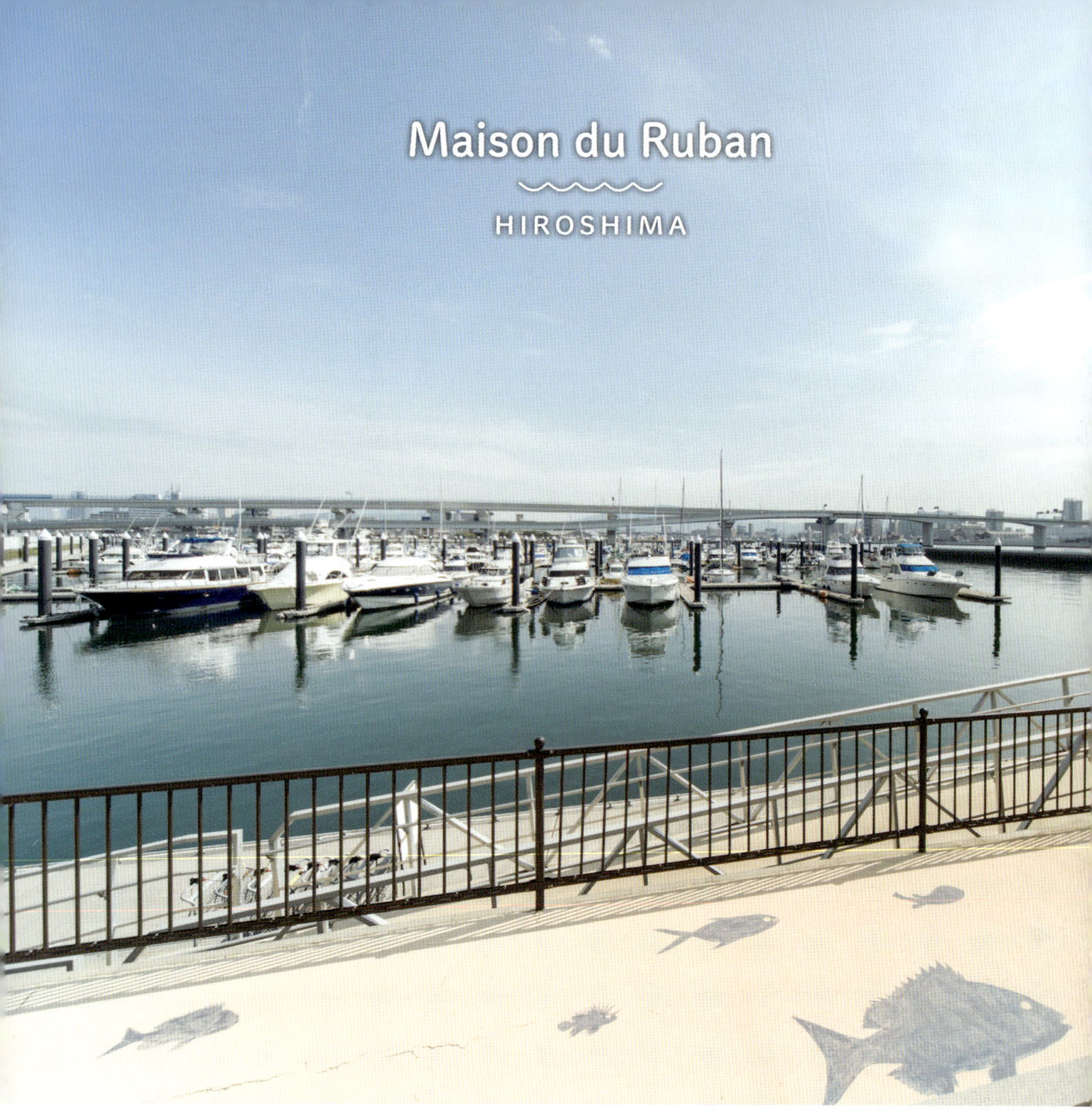

メゾンデュルバン

海に浮かぶボートを眺め ガレットを味わうひと時

　マリンライフの新拠点として、吉島に誕生した「ボートパーク広島」。駐車場も整備され、海に浮かぶ白いボートを眺めながらの食事や買物、散歩が楽しめます。この中にある『メゾンデュルバン』は、シンガー・デザイナーとして活躍するMEGがプロデュースしたカフェ。さわやかなマリーナの風景に映えるシャビーなインテリア空間で、ランチスタイルやスイーツ系のガレットが味わえます。

　お子さまも一緒にリラックスできる個室やランチ託児サービスもあるので、パパやママのくつろぎ空間としてもおすすめ。ロゴ入りのオリジナルグッズは、ちょっとしたプレゼントにぴったりです。

「ボートパーク広島」の入口そば。アリーナ側にテラス席も用意

親しみやすいカウンタースタイル

オープンな店内では、友達との会話や読書など自由な時間が楽しめます

スタッフウェアもインテリア同様にさわやか

スイーツ系の人気ガレット
「アップル＆蜂蜜＆バニラのガレットセット」(¥990)
メイソンジャーに入ったアイスドリンク
「アイスカフェラテ」(¥600)

※季節によってメニューや価格は異なることがあります

Maison du Ruban

広島市中区南吉島1-1
(ボートパーク広島内)
☎:082-247-0666
営:10:30-18:30　休:無休
席:テーブル21席、テラス9席
　カウンター6席、個室1
禁煙:分煙(テラス席のみ可)
P:30分まで無料。1,600円以上のご利用で、プラス60分無料サービス
交通:広島駅から車で約25分、吉島ICから約2分。バス利用の場合は24番線で南吉島下車、徒歩3分

車での移動販売もしています。たまに県外にも出店しますよ

スタッフ しおりさん

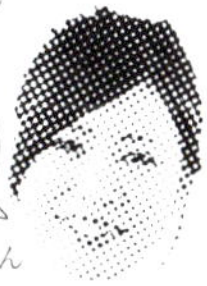

毎月新しいメニューが出ますので、お楽しみに!

スタッフ まゆかさん

※畳の和スタイルの個室(1室)は予約制(90分500円)
※ペット、喫煙はテラス席のみ可　maisond.jp

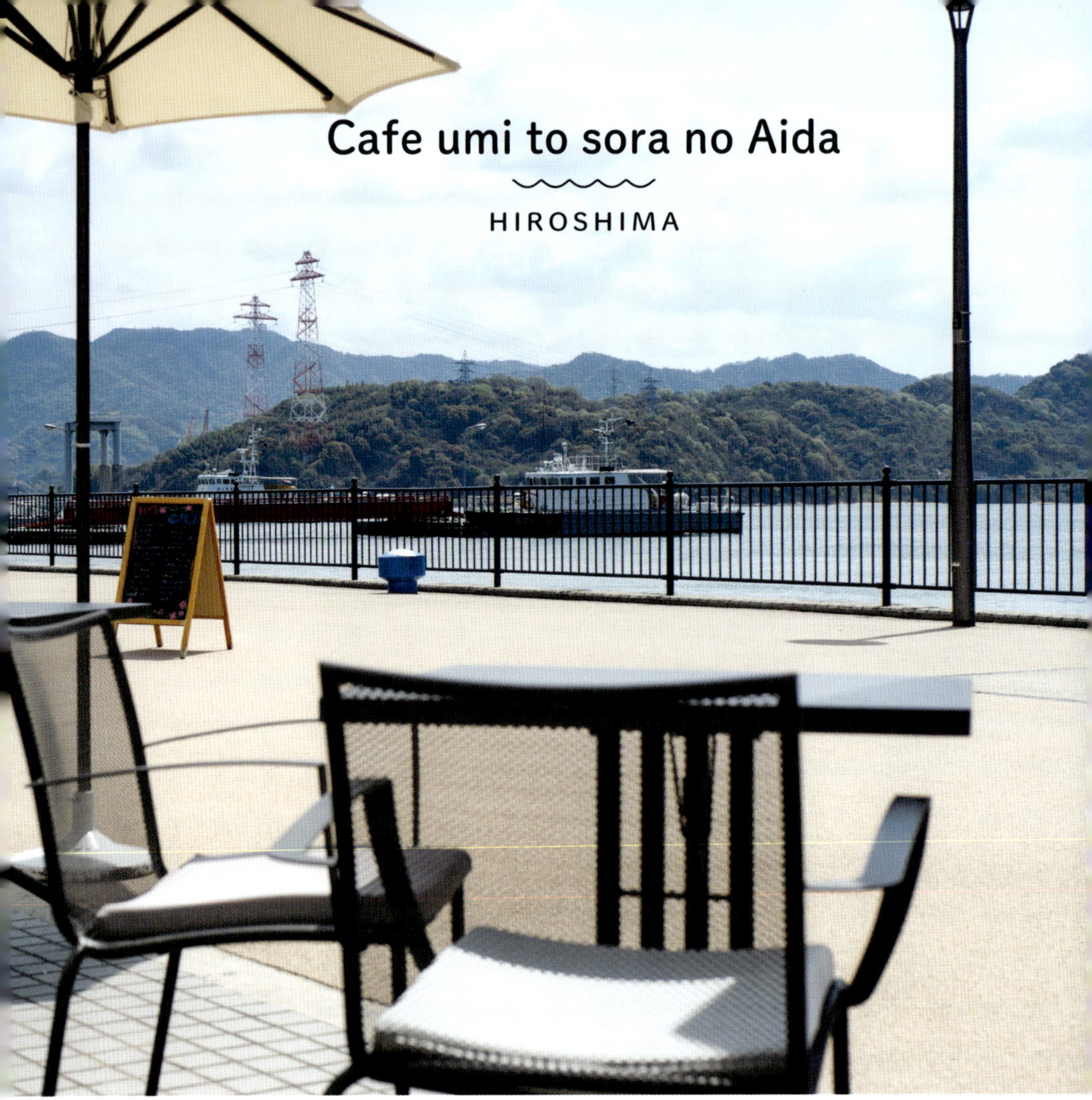

Cafe umi to sora no Aida

HIROSHIMA

カフェ ウミトソラノアイダ

きらめく波光を感じて 美味しい刻を過ごす

宇品海岸の倉庫街を再利用した通称「ベイエリア」。その一角にある結婚式場ダブリュー・ザ・ブライズ・スイートの1階、瀬戸内海を見晴らす絶景のロケーションが魅力のカフェ ウミトソラノアイダ。

海と空をイメージして、青と白で統一された店内はガラス張りで、オーシャンビューとともに太陽の光がいっぱいです。潮風を頬に感じられるテラス席では、ペットと一緒に寛げます。結婚式場のシェフやパティシエが手掛ける本格的なフードやケーキ、旬にこだわったパニーニの他、ドリンクではカプチーノアートも楽しめるなど、ロケ以外も魅力いっぱいです。

cafe umi to sora no Aida

海と空を身近に感じられる穴場的なカフェ

うみしま
カフェ
広島

ファーストクラスの
オーシャンビューを満喫！

全面ガラス張りなので、店内から
もすばらしい見晴らしです

ペット連れの方にはテラス席も
用意されています

umisoraケーキ
(¥650)

カプチーノ（¥570）

ベーコンとチーズの
パニーニ（¥650）

爽やかなレモンジュレとヨーグルト風味のムースをホワイトチョコでコーティングした人気の「umisoraケーキ」。また、旬の素材にこだわったパニーニ(¥650)もオススメです

パニーニは
テイクアウトもできます

TAKE OUT

おみやげにサブレや
ガレット、マドレーヌなどの
焼き菓子も用意されています

DRINK

かわいいカプチーノ
アートが描かれる
カプチーノは人気No.1！

Cafe umi to sora no Aida

広島市南区宇品海岸3-12-68
☎：082-258-2401
営：11：00-17：00（LO16：15）
休：水曜
席：店内18席、テラス6席
禁煙：分煙
P：あり（5台）
交通：広電宇品線「海岸通」
　　　から徒歩5分
http://w-ujina.jp/cafe/

夏にはパッション
ドリンクも登場します！
ぜひ、ゆっくりと
寛ぎにきてください

スタッフ
深堀奈津子さん

※ペットはテラス席のみ可

ボーレザン

きらめく川面と美しい緑
リバーサイドでゆったり

ボーレザンは、平和公園のすぐそば。元安川に面したガラス張りのお店で、心地いい開放感が味わえます。特に2階フロアからは公園の緑とせせらぎが見え、気分もゆったり。お子様連れの方は、2階ソファー席を予約されることが多いそうです。

食事は旬の食材を使ったイタリアン。彩りのいい盛り付けにシェフのセンスが感じられます。青リンゴやピーチなど4種類のフルーツビールも女性に人気。オーナーが自らフランスで買付けた雑貨がインテリアを引き立てています。

ワインは赤・白共に10種類程用意しているので、夜の食事も十分楽しめそうです。

BEAUX RAISINS
Salon de café
CULTUREL FRANCO JAPONAIS

ガラス張りのモダンな建物。白いフレームと壁面緑化が特徴

水の街・広島の美しい
景色が楽しめます

季節によってはオープンエアになることもある1階

カラフルなソファーやアンティークの木の椅子が並ぶ2階

前菜3種とパスタのセット(¥1,380)
パスタは週替わり3種よりセレクト。
ワインかジュース、コーヒー・紅茶付き

TAKE OUT

平日限定
パルマ産生ハムの
バゲットサンド
(ドリンクセット)
¥800

フランス製
ハート型石鹸
¥1,134

GOODS

(左)フランス製
ルームフレグランス
¥2,700

(右)フランス製
アロマオイル
¥2,106

ボーレザン

広島市中区大手町2-5-18
☎:082-247-5815
営:11:00-15:00、18:00-22:00
休:水曜　禁煙:分煙
席:テーブル14席、ソファー6席
　カウンター2席
P:なし(¥2,500以上の方に石崎本店
　パーキング60分サービス券進呈)
交通:広電宇品線「袋町」から
　徒歩2分の元安川沿い
http://www.beaux-raisins.com/cafe/

季節ごとの風景を全面ガラス張りの店内から眺めながら、旬の食材を使ったパスタや前菜をお楽しみください

店長(シェフ) 西田雅彦さん

※フロア貸切のパーティーにも対応、プロジェクター設置済

Cafe galerie

HIROSHIMA

カフェガルリ

まったりと海を眺め アートに耽る大人カフェ

ガルリとはフランス語でギャラリーの意味。その名の通り、カフェガルリは書画やモダンアートなどがさりげなく飾られ、軽快なジャズの調べが心地よい、ちょっと知的で大人なカフェです。

ガラス張り、コンクリート打ちっぱなしの店内は目の前に海が望める、開放的な空間。旬の野菜をふんだんに用いた洋風創作料理が味わえます。目にも美しい前菜の盛り合わせから始まるランチやディナーセットは繊細な味わいで栄養バランスも抜群。また、デザートの充実ぶりも嬉しいところ。特に、季節のフルーツをたっぷり使ったフルーツパフェが人気。ぜひ、自分へのご褒美に訪れてみては。

cafe galerie

広島高速2号線、仁保IC前。倉庫風のオシャレな建物が目印

うみしま
カフェ
広島

アートに囲まれた店内で
心尽くしのグルメを堪能！

ガラス張りの店内は海田大橋を望める開放的な空間。夜にはライトアップが美しく、とってもロマンチック

広島在住の書家ヤマモトテルミさんの作品ほか、現代アートが飾られた店内はまるでギャラリーの佇まい

ガルリランチA（¥1,500）
前菜の盛り合わせ、メインディッシュ（写真はポルチーニのパスタ）、パン。
メインディッシュは5種類の中からセレクト可能
ランチドリンク（¥200）、ミニパフェ（¥400）

ランチはステーキランチ（¥1,500～¥2,000）までご用意。
夜は前菜の盛り合わせ、アラカルト、メイン日替わり、バケット、デザートのディナーセット（¥3,000）が人気

店内へと続く通路にも美術の本がオシャレに展示

3階はアジアンリゾートをイメージした素敵な空間

Cafe galerie

広島市南区仁保4-5-10
☎：082-256-2526
営：平日11:30-22:00（LO21:00）
　　日祝11:30-15:00（LO14:00）
休：木曜（臨時休業あり）
席：20席
禁煙：禁煙
P：あり（5台）
交通：広電バス4号「仁保4丁目バス停」から徒歩1分
http://hitosara.com/0005038205/

お友達や大切な方と、ゆっくりお過ごしください。

オーナーシェフ
三保省二郎さん

※テイクアウトはドリンクのみ

ひらきや

HATSUKAICHI

ひらきや

海を眺める山の中腹に佇む自然豊かな隠れ家カフェ

オープンから14年め。宮島の対岸を少し山側に入った所にある、知る人ぞ知るお店です。イングリッシュガーデンを思わせる多彩な樹木や植物が並ぶお庭をぐるりとめぐりながら玄関へ。建物は古い納屋を改装したもので、アンティークものがあちこちにある内観はなんとも落ち着ける雰囲気です。予約制のランチには、目の前の畑でつくられた完全無農薬の野菜を多用。「安心・安全なお料理」を木々や草花を眺めがら楽しんで、心も体も元気になって欲しいとの思いが込められているそう。

ブライダルをはじめ、記念日やパーティー、女子会などでの活用もお勧め。貸切利用も可能です。

緑に囲まれたアーチが出迎えてくれます

うみしま
カフェ
廿日市

四季の変化を感じられるお庭を楽しんで

森の中で過ごす気分は格別。庭にもテーブルがあります

アンティークのバーコーナーが存在感を放ちます

たっぷり野菜のプレートランチ(¥1,850)
朝採れの無農薬野菜と手づくりの焼きたてパンが人気(完全予約制)

TAKE OUT

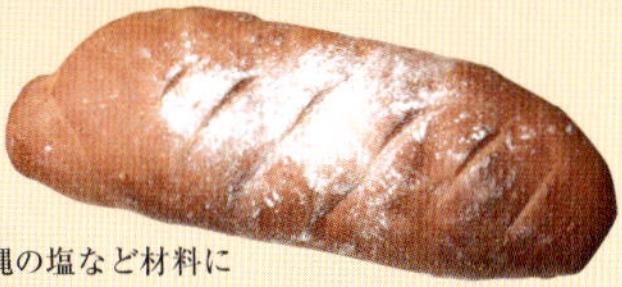

国内産小麦や沖縄の塩など材料にこだわったオリジナルパン ¥500

GOODS

お庭の草花によく似合うフラワーベース ¥3,800～

ひらきや

廿日市市大野鳴川8467
☎:0827-57-5575
営:ランチ12:00-15:00(要予約)
　カフェ14:30-18:00
休:月曜・火曜・不定休
席:テーブル20席
禁煙:分煙
P:あり(10台)
交通:JR大野浦駅から
　車で約8分

季節ごとの旬を味わうパーティーはいかがですか?

ホール担当
平岡利恵さん

※ペットはお庭のみ可

バッケンモーツアルト廿日市工場直売店

HATSUKAICHI

バッケンモーツアルト

豊かな開放感と眺めを楽しむ 爽快なシービューカフェ

２００６年、バッケンモーツアルト本社工場の移転に伴い誕生した工場直売店とカフェ。つくりたてのものが並んだり、工場限定商品や試作品、アウトレット商品の取り扱いがあるため、これらをお目当てに訪れるファンも数多くいるとのこと。

カフェは、愛らしい花々が咲く花壇のあるお庭と、その向こうに波穏やかな瀬戸内海、さらには宮島までも眺めることができる格別なロケーションにあります。ここでは工場から運ばれてくるお菓子やケーキを、ドリンク類やランチとセットにしてもＯＫ。幅広い世代の好みに合わせて、多彩なメニューが用意されています。

BACKEN MOZART

木材港の一角にあり、駐車場もたっぷりあります

うみしま
カフェ
廿日市

宮島が見える
絶好のロケーション!

ガラス張りの店内は居心地もバツグン。庭を散策しながらのんびり過ごせます

晴れた日はお庭でランチや喫茶を楽しみましょう

タイランチ(¥1,296)
タイ人がつくる本格的な味わいが人気。
その他、日替りランチ(¥823)
ドリンク付き¥1,000もあります

TAKE OUT

広島瀬戸田のレモンジュレ
¥324

百年からす麦プレミアムクッキー
¥1,620

希少糖水のジュレ
¥356

マイヤーバームクーヒェン
¥1,200
(廿日市工場直売店限定価格)

バッケンモーツアルト廿日市工場直売店

廿日市市木材港北15-24
☎:0829-34-4324
営:平日10:00-20:00
　　日曜10:00-19:30
休:無休
席:テーブル70席
禁煙:喫煙可
P:あり(40台)
交通:広島はつかいち大橋西詰から車で約2分

パスタや和食もぜひご賞味ください

※ペットは外のみ可

古今和洋菓子処 古今果

HATSUKAICHI

ココンワヨウガシドコロ ココンカ

ここでしか味わえない お菓子とオリジナル空間

銘菓もみじまんじゅうで知られる藤い屋が２０１５年にスタートさせた新業態のお店「古今和洋菓子処 古今果」。伝統のあんや瀬戸内の旬のフルーツなどを美味しく味わって欲しいとの思いから、和洋の垣根を越えた新しい美味しさを提案しています。

目の前でじっくりハンドドリップしてくれるコーヒーをはじめ、生のレモンを搾ってつくる大長レモンスカッシュなど、丁寧な手づくりの味わいが自慢。１階の菓子工房でつくられる出来立てのお菓子も楽しめます。四季の移ろいを窓越しに眺めながら、日常では味わえない美味しさと居心地を堪能してみてはいかがでしょう。

古今和洋菓子処
coconca

瀬戸内海の波をイメージしたガラス使いの壁面が目印

伝統と現代、和と洋が
融合した洗練の空間美

自然を愛でながら味わう、つくりたての甘味は格別の美味しさ

瀬戸内をテーマにした建物には職人技があふれています

パンケーキオムレット
あんとフルーツとカスタードクリーム
(¥900)
抹茶グラッセ(グリーンティー)
(¥700)

1階にある菓子工房では、パティシエや菓子職人がオリジナル菓子をつくる様子も眺められます

古今和洋菓子処 古今果

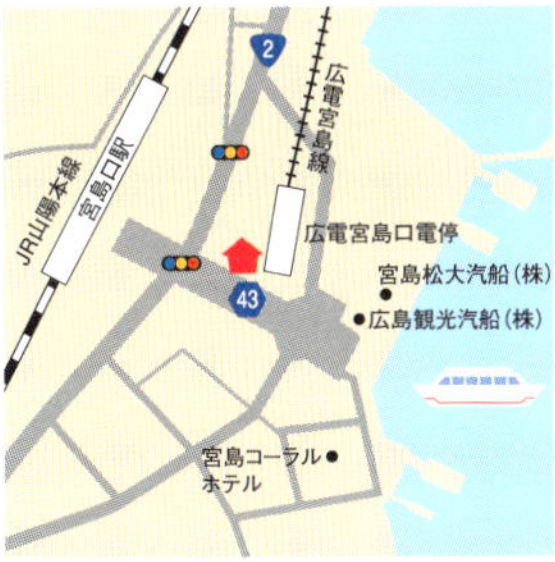

廿日市市宮島口1-12-5
☎:0829-20-5670
営:10:00-18:00(LO17:30)
※1階店舗は19:00まで
休:無休
席:テーブル21席
禁煙:分煙
P:あり(2台)
交通:広島電鉄広電宮島口電停から徒歩1分
https://www.fujiiya.co.jp/

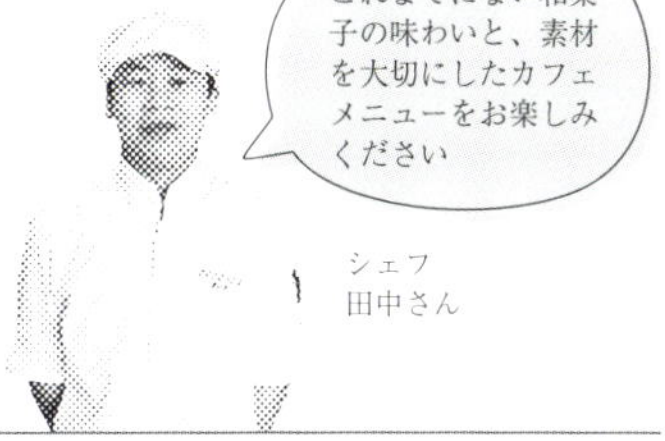
これまでにない和菓子の味わいと、素材を大切にしたカフェメニューをお楽しみください

シェフ
田中さん

Restaurant & Café 海と料理 miya

HATSUKAICHI

レストランアンドカフェウミトリョウリミヤ

海へ突き出した印象的な建物 リゾート気分でランチを

宮島口にほど近い宮浜温泉エリア。東側から2号線を下っていくと左手に見えてくる、黄色い外観のお店がMiyaです。

オーナーの宮岡さんは和食・洋食の経験があるため、カジュアルなイタリアンをベースにしながらも、「枠組みにこだわらない美味しい料理を提供したい」という方針でメニューを決定。食材も季節ごとに良いものを各地から仕入れるほか、同じ料理でも少しずつ変えて提供しています。そのため、「来るたびに発見がある」というお客さまが多いそう。美味しいものを食べに行きたい日に、ドライブとともに訪ねたいお店。土日祝日には予約するのがお勧めです。

miya Restaurant & Café 海と料理

宮島口側から見た外観。駐車場は2号線向かい側にもあり

うみしま
カフェ
廿日市

まるで海の上に
いるような感覚！

3面がガラス張りになった店内からは、陽光と海の眺望が楽しめます

満潮時には足下に水面が。夕景はひときわ美しく

魚料理がメインのランチ懐石Version"F" ¥3,500（2名～）

このほか、和牛ステーキがメインのVersion"M"もあり

夏にはジャズライブを開催する計画も。詳しくはお問合せを

Restaurant & Café 海と料理 miya

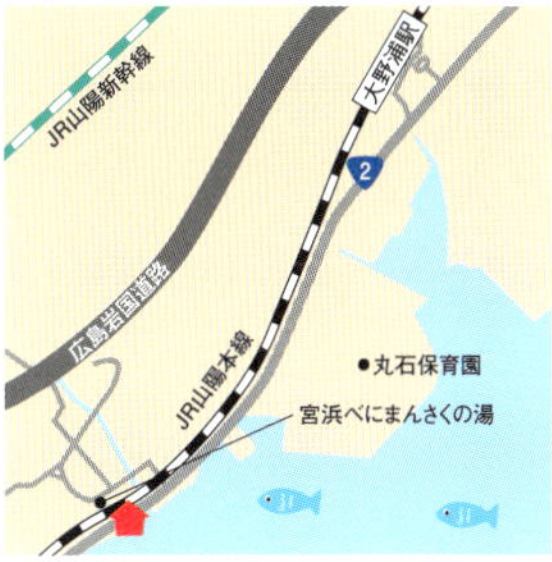

廿日市市宮浜温泉2-3-10
☎:0829-55-0623
営:11:00-22:00
休:木曜
（祝日の場合は翌日休み）
席:テーブル60席
禁煙:分煙
P:あり（30台）
交通:JR大野浦駅から車で約7分

肩肘はらない
おもてなしを
心がけています

ゆったりくつろいで
お過ごしください

オーナー
宮岡寿幸さん

スタッフ
宮岡亜弥さん

※テイクアウトはピザのみ

宮島フェリーターミナル
タムカイマ…084
塔之岡茶屋…094
和かふぇ はやしや…090
五重塔
sarasvati…088
カフェレンテ…086
天心閣…082
伊都岐珈琲…096
嚴島神社
御茶処 沖みつ…092
紅葉谷
宮島ロープウエー

みやじまマップ

天心閣

MIYAJIMA

テンシンカク

商店街を少し上れば別世界
贅沢な時間を過ごす場所

賑わう通りを少し上った高台にある、隠れ家的なコーヒーサロン「天心閣」。

美しいお庭はもちろん、五重塔や千畳閣、厳島神社の社殿が望める格別なロケーション。落ち着いた雰囲気の中で自家焙煎のコーヒーをじっくりと味わえば、至福の時が流れます。メニューはコーヒーとケーキ、営業時間は3時間のみ。ここはまさに午後のお茶の時間を過ごすためだけの、とっておきの場所と言えるでしょう。

宮島に現在3店舗ある伊都岐珈琲系列のお店のなかでも、プレミアム感のある設えが特徴的。石段の途中にある門の前のメニューがオープンの印です。

伊都岐珈琲

MIYAJIMA ITSUKI COFFEE

平屋の古民家を改装した趣のある外観。素晴らしいお庭も

しまカフェ

宮島

目にも鮮やか
緑豊かな日本庭園も

かつては別荘だったという広い敷地はおよそ150坪。店内は天然木をふんだんに使った、開放的な空間

ドリップコーヒー
エチオピアコンガG-1
(¥600)

チョコレートテリーヌ、チーズケーキ
(どちらも+450円でお好きな飲物とセットにできます)

コーヒーはエスプレッソとフレンチプレスで丁寧に抽出。ケーキはいずれもコーヒーによく合う濃厚な味わいです

天心閣

廿日市市宮島町413
☎:0829-44-0611
営:14:00-17:00(LO16:30)
休:水曜・木曜
　※季節により変動あり
席:テーブル34席
禁煙:禁煙　P:なし
交通:宮島フェリーターミナルから徒歩12分
http://itsuki-miyajima.com
Facebook、Instagramあり

美味しいコーヒーをお供に、贅沢な時間をゆったりと過ごしていただけます

スタッフ
中薗さん

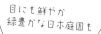

タムカイマ

観光地の賑わいから離れて落ち着けるオシャレ空間

厳島神社に向かう表参道商店街から脇道に入ってすぐ。古い町屋を利用した、落ち着いた佇まいが素敵なお店です。最初は悌輔さんの木彫りの店からスタートし、入りやすいようにカフェを始めたとのこと。実はお2人とも宮島に魅せられて他県から移住してきたと言い、不便ながら海あり山ありの静かな島の環境がとても気に入っているそうです。

シャビーな家具を配した店内には、植物やドライフラワーなどとともに木彫り作品がレイアウトされ、どこか懐かしい雰囲気。メニューはどれも身体への思いやりを感じる自然な味わいで、穏やかにリフレッシュさせてくれます。

タ ム カ イ マ

オシャレな雰囲気漂う外観。窓辺にも風情があります

木目がリアル感を
醸し出すきのこが人気

やさしい灯りのもとで思い思いに
くつろいで過ごせます

展覧会やライブ等のイベントも
時折開催されています

生甘酒セット(¥850)
ごろごろ木の実の熟成
ケーキセット(¥900)
酵素ジュース(¥500)

甘味類は飲み物とのセットのみ。
かき氷のみ単品です

GOODS

木彫りどんぐり
ネックレス
¥3,800

木彫りきのこ
¥2,300～

宮島こけし
小 ¥2,200
大 ¥2,800

TAKE OUT

台湾ふわふわミルクかき氷
6種類 ¥650～ ¥1,200
※5～9月頃まで

タムカイマ

廿日市市宮島町幸町西浜435-4
☎:0829-44-1682
営:10:00-18:00
休:水曜・不定休
席:テーブル8席、座敷4席
禁煙:禁煙
P:なし
交通:宮島フェリー
ターミナルから
徒歩10分

ユニークな木彫り達が

木彫作家
松竹悌輔さん

店長
松竹由紀さん

カフェレンテ

MIYAJIMA

カフェレンテ

窓一面の眺望が楽しめる
自然派メニューのカフェ

厳島神社をぐるり巡った先に広がる西松原に面し、大鳥居や厳島神社、五重塔まで一望できる眺望自慢のお店です。観光地の喧騒をひととき忘れさせてくれる、静かで落ち着いた雰囲気が評判を呼び、ゆっくり過ごすお客さまが多いとのこと。おすすめは、挽き立ての豆をドリップ式で丁寧に入れるオーガニックコーヒー。そのほか、外国からの観光客にも大変人気なことから、ベジタリアンでも食べられるよう食材にこだわったリゾットや、フランスで人気の茶葉をつかった紅茶なども提供。

トマトベースのカレーや、宮島ではここだけという広島風つけ麺もお店自慢の一品です。

ウッドデッキは眺めのいい特等席。お天気の良い日はぜひここで

フリーWi-Fiとカード決済OKの便利なお店

開口部に面した席はすべて外向きに配置。ひとりでも居心地良く過ごせます

"ゆったりとした"という意味の店名そのままの時間が流れます

リゾットはベジタリアンの方も食べられる食材仕立て。ティーオーレはアイスもおすすめです

自家製ベイクドチーズケーキ(¥500)
赤米とほうれん草の豆乳リゾット(¥800)
ティーオーレ(¥700)
オーガニックブレンドコーヒー(¥500)

入口もガラス使い。大願寺裏手の細道を抜けた、広い通り沿いにあります

カフェレンテ

廿日市市宮島町1167-3
☎:0829-44-1204
営:11:00-18:00
(夏季は19:00まで)
休:不定休(土日祝除く)
席:テーブル24席
禁煙:禁煙
P:なし
交通:宮島フェリーターミナルから徒歩15分
cafe-lente.jp

スタッフ
藤山英美さん

sarasvati

MIYAJIMA

サラスヴァティ

香りに誘われ、心惹かれるレトロモダンな空間

sarasvatiは大正期から残る土産物卸問屋の倉庫を利用したカフェ。五重塔にほど近い通り沿いにあり、朝8時半から開いているので、モーニング、ランチ、おやつタイムなど、さまざまな時間や用途で利用できます。特にセットメニューが充実しており、コーヒーとセットになったフードメニューは、時間帯で変わるというユニークなスタイル。宮島観光を楽しむ際には、テイクアウトのコーヒーを片手にのんびり歩くのもおすすめです。

また、小ロットのコーヒー豆は店頭で焙煎もしているそう。炒り立ての風味豊かなコーヒー豆は、宮島みやげとしても人気です。

伊都岐珈琲

MIYAJIMA ITSUKI COFFEE

茶色い板壁の外観はモダンでしっとりとした印象

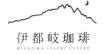

しま
カフェ
宮島

宮島観光のリフレッシュ
ポイントとして人気

シックな雰囲気の店内は、落ち着いて過ごすのにちょうどよい明るさです

焼板と漆喰の外壁が時代を感じさせます

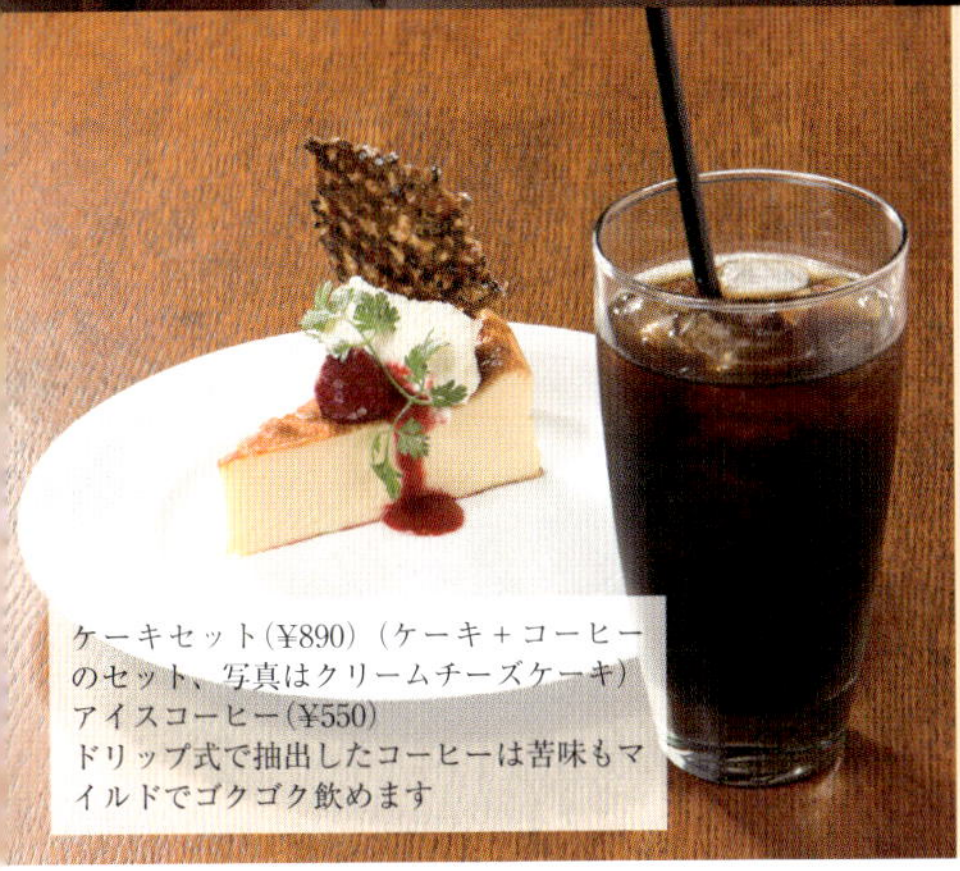
ケーキセット(¥890)(ケーキ+コーヒーのセット、写真はクリームチーズケーキ)
アイスコーヒー(¥550)
ドリップ式で抽出したコーヒーは苦味もマイルドでゴクゴク飲めます

ビターなブレンドのため、キリッとした飲み口
アイスアメリカーノ
¥400

珈琲各種
200g ¥990
100g ¥650

スペシャリティコーヒー10種類の珍しいドリップバッグのセット。オフィスや贈り物に

10種類のドリップバッグセット ¥1,200

sarasvati

廿日市市宮島町407
☎:0829-44-2266
営:8:30-19:00
休:無休
席:テーブル50席
禁煙:禁煙
P:なし
交通:宮島フェリーターミナルから徒歩12分
http://itsuki-miyajima.com
Facebook、Instagramあり

自社ファクトリーから届く珈琲豆も販売。お気軽にお声掛けください

店長 田中さん

和かふぇ はやしや

MIYAJIMA

ワカフェハヤシヤ

静かな町家通りでほっと一服 鹿のせ和スイーツが人気

宮島の牡蠣専門店「焼がきのはやし」の新プロジェクトとして始まった「和かふぇはやしや」は、原材料にこだわった和スイーツとランチが楽しめるお店。「はやしでの食事のあとにゆっくり過ごせる場所を提供したい」との思いから生まれました。宮島を象徴する〝鹿〟にちなみ、スイーツに鹿クッキーをのせたり、鹿柄のオリジナルグッズを生み出すなど、「宮島らしさ」を感じてもらえるようにと工夫を凝らしています。

数寄屋造りと町屋を融合させた建物の美しさも評判を呼んでおり、幅広い世代が訪れ、ひと時を過ごすそう。夏には手作りみつのかき氷（全10種類）も楽しめます。

wa-cafe hayashiya

通りから中が見えない造り。ショーウインドウを目印に

鹿モチーフのお菓子や
雑貨がたくさん！

オーガニックコーヒーや京都和束産の
抹茶・ほうじ茶でほっこりできます

オリジナルグッズのほか、
牡蠣のオイル漬けなども人気

最中セット（¥980）自家製あんと特製
ジェラート、白玉を2種の最中で挟んで

はやしや風抹茶パフェ（¥1,080）は
自家製あんこやロールケーキ入り
ゆずれもんジンジャー（¥630）

TAKE OUT

プレミアム
ソフトクリーム
3種類 ¥520〜
濃厚ミルクとラングド
シャクッキーのコーン
が相性抜群！

はやしやオリジナルふせん
¥450

はやしやオリジナル
マスキングテープ
¥420

GOODS

はやしやオリジナル
油とり紙 ¥310
オリジナルの鹿柄は
林さんによるもの

和かふぇ はやしや

廿日市市宮島町町家通り504-5
☎：080-1932-0335
営：平日11：30-17：30
　土日祝11：30-18：30
休：水曜・火曜不定休
席：テーブル14席
　カウンター10席
禁煙：分煙
P：なし
交通：宮島フェリー
　ターミナルから徒歩10分

静かな町家どおりで
ゆっくりお過ごしください

店長
鹿島あさこさん

かき氷は地元
食材で手作り
するシロップ
が自慢。
夏にはぜひ！

スタッフ
林由依子さん

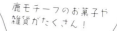

御茶処 沖みつ

MIYAJIMA

オチャドコロオキミツ

静かな佇まいの小路にある築百年超の古民家カフェ

宮島観光のお休み処として愛されている「御茶処沖みつ」。百年以上前の建物を使っているので、頭上に当時の梁が眺められ、穏やかな灯りのもとでくつろいで過ごせます。

こちらの一番人気は手作りの「わらびもち」。その他、すべての甘味と名物のもみじまんじゅうまで入った「和風パフェ」も好評で、甘味とセットで楽しめる玉露や煎茶は店主の沖光さんの出身地・静岡産のものが提供されます。また、「あなごめし」にはタレを余分に添付し、好みの濃さで味わえるよう配慮。外国の方や多彩な地方からのお客さまに向けた心配りも、このお店のうれしいところです。

のれんやのぼり旗がにぎやかに迎えてくれます

しま
カフェ
宮島

6~9月には宇治ミルク
金時などのかき氷も登場!

塗り壁や格子、腰壁などが懐かしい日本家屋の風情を伝えます

あなごめし(¥1,680)
やわらかく煮込んだ穴子を焼き、自家製ダレで仕上げています

木のおもちゃを眺めて、ひとときのタイムスリップ

和風パフェ(¥1,050)
玉露(静岡産 ¥730)

わらびもち ¥500
生地に黒蜜を練り込んでいます

御茶処 沖みつ

廿日市市宮島町319-4
☎:0829-44-0720
営:10:00-16:30(LO)
休:火曜(祝日、繁忙期は営業)
席:テーブル18席
禁煙:禁煙
P:なし
交通:宮島フェリーターミナル
から徒歩16分

店主
沖光さん

塔之岡茶屋

MIYAJIMA

トウノオカチャヤ

秀吉ゆかりの名物・力餅と歴史を味わうひととき

五重塔や千畳閣に通じる通り沿いに建つ塔之岡茶屋。かの豊臣秀吉が建立を命じた千畳閣の工事の際にふるまわれたのがきな粉をまぶした小餅であったことから、「太閤力餅」と呼ばれ、いまに伝わるこの店の名物となりました。通りに面して置かれた縁台には、昔ながらの茶店の風情が漂います。

　店前には樹齢およそ220年の黒松が悠々と横に伸び、店のそばには宮島唯一の釣鐘緋桜も。こうした珍しい樹木を愛でることができるのもこのお店のうれしいところ。

　オープンな縁台のほか、店内にはテーブルや座敷もあり、食事もとれるので、ちょっとひと息つきたい時に立ち寄りたいお店です。

店先の縁台に座れば、タイムスリップ気分を味わえます

五重塔とのコントラストが
美しい絶好のシャッター
ポイント

うどんなどのお食事メニューも豊富です。
店内にはテーブル席や小上がり席もあります

力餅はもち米100%。
麹からつくる甘酒は
しょうがを効かせた
自然な甘さです

力餅（¥550）
甘酒（¥430）

「龍髯（りゅうぜん）の松」は30mも横向きに
伸びる樹齢およそ220年の見事な黒松

塔之岡茶屋

廿日市市宮島町419
☎：0829-44-2455
営：10：00-17：00
休：不定休
席：30席
禁煙：禁煙
P：なし
交通：宮島フェリー
ターミナルから
徒歩12分

黒松を眺めながら
素朴な味わいを
ご賞味ください

店主
松岡さん

伊都岐珈琲

MIYAJIMA

イツキコーヒー

コーヒーをカジュアルに楽しみたい方におすすめ

薫り高い自家焙煎の珈琲を楽しめるコーヒースタンド。宮島の観光エリアのほぼ中心に位置するため、いつも多くの観光客でにぎわっています。系列店の中でも最も気軽に入れるお店づくりをされていて、コーヒー文化の根強い海外からのお客さまにも愛されているお店です。

一杯一杯丁寧に入れられるコーヒーは、エスプレッソベースの濃厚な風味が特徴。甘さ控えめな八天堂のプレミアムフローズンくりーむパンとは絶妙の相性です。

店内でひと息入れるもよし、テイクアウトして旅のお供にするのもおしゃれですね。お土産用のコーヒー豆も扱っています。

伊都岐珈琲
MIYAJIMA ITSUKI COFFEE

オープンで入りやすい雰囲気。
気軽に覗いてみよう

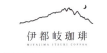

また歩き出すために、
ここでちょっとひと息

八天堂のプレミアムフローズンくりーむパンは
店頭にある専用の屋台からテイクアウトできます

ゆっくりしたい方は、店の奥にある
くつろぎコーナーへ

プレミアムフローズンくりーむパン
(八天堂・¥270)
コーヒーとのペアリングは最高です

2種のコーヒー豆から選べる
カフェラッテ(¥450)
かわいいアートのお楽しみも

コーヒー豆 ¥990
お土産やご自宅用に。
伊都岐珈琲を気軽に楽しめます

カフェラッテ ¥450
アメリカーノ ¥400
ミルクで割るカフェラッテと、スタンダードなブラックで楽しめるアメリカーノ。
どちらも人気メニューです

伊都岐珈琲

廿日市市宮島町420
☎:なし
営:9:00-19:00
休:不定休
席:テーブル35席、カウンター4席
屋外ベンチ8席
禁煙:禁煙　P:なし
交通:宮島フェリーターミナル
から徒歩13分
http://itsuki-miyajima.com
Facebook、Instagramあり

やまカフェ

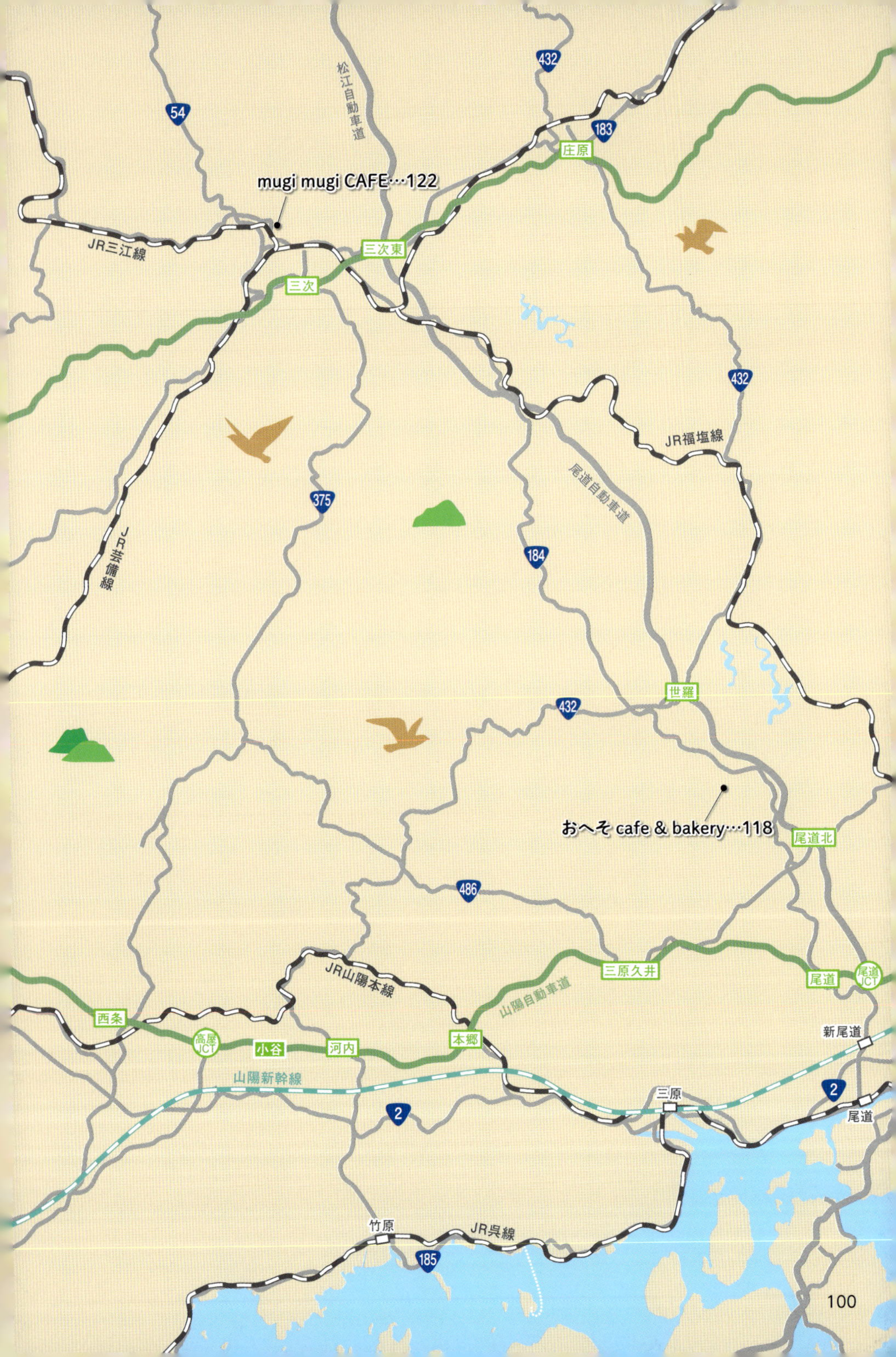
mugi mugi CAFE…122
おへそ cafe & bakery…118
松江自動車道
尾道自動車道
山陽自動車道
JR三江線
JR芸備線
JR福塩線
JR山陽本線
山陽新幹線
JR呉線
庄原
三次東
三次
世羅
尾道北
三原久井
尾道
尾道JCT
西条
高屋JCT
小谷
河内
本郷
新尾道
三原
尾道
竹原
54
432
183
375
184
432
432
486
2
2
185

やまマップ

瑞穂
261
浜田自動車道
cocoloya
art & coffee…104
大朝
ぞうさんカフェ…114
186
433
森のレストラン・ウェディング
farm NORA…124
空城さくら亭…110
森のカフェ&レストランDude…106
千代田
千代田JCT
正直村…108
野の花かふぇ…116
山荘HANAKI…112
433
cafe Rin…102
191
戸河内
加計スマート
中国自動車道
広島北JCT
186
54
広島北
191
広島自動車道
可部
433
JR可部線
広島西風新都
488
433
広島JCT
広島東
cafe mon chou chou…120
横川
広島
2
海田市
宮島
仁保JCT
廿日市
廿日市
阿品
宮島口
31

cafe Rin

AKIOTA

カフェリン

昔のドライブインの面影を残す外観と看板を目印に

木の温もりを感じつつ 日向ぼっこ気分でゆるり

田舎でカフェを開きたかったというオーナーの山根さんが安芸太田町に移住し、ドライブインだった建物を改装。木をふんだんに使った店内には、アンティーク調のテーブルや椅子、観葉植物が並べられ、温かみが感じられます。

料理教室の講師だったオーナーが作る料理は、地元食材や大崎上島から取り寄せたこだわりの調味料などを使い、ソースから手作りしたドリアなど愛情こもった料理が並びます。具だくさんの汁物と小鉢2種が付いた日替わりの「今日のランチ」も人気です。「ドライブがてら訪れてもらい、本棚の本でも読みながらゆっくりと過ごしてもらいたい」と山根さん。

白壁は木漏れ日が差し
込む雰囲気にもマッチ

一段高いところに設けられた日当たり
良好の座敷はキッズ向けのスペース。
おもちゃもある

ごはんに手作りのホワイトソースの
グラタンをのせたドリア（¥800）
※サラダ・ドリンク付き

今日のランチ（¥800）や
クロックムッシュ（¥800）なども

スノーボール
¥200

甘夏ときよみを使った
大崎上島みかんジュース
¥450

オリジナル
ドリップコーヒー
1個 ¥150

その他、オリジナルのオーガニック
商品が店頭で購入できます

cafe Rin

山県郡安芸太田町加計5313
☎：0826-22-6222
営：10：00-18：00
休：水曜・木曜
席：テーブル14席、座敷5〜6席
カウンター4席
禁煙：禁煙
P：あり（5台）
交通：中国道加計スマートIC
から5分
Facebookあり

お子さま連れでも安心
してゆっくり楽しんで
いただけますよ

店主 山根文恵さん

こだわりの愛らしい
グッズが店内に

cocoloya　art & coffee

KITAHIROSHIMA

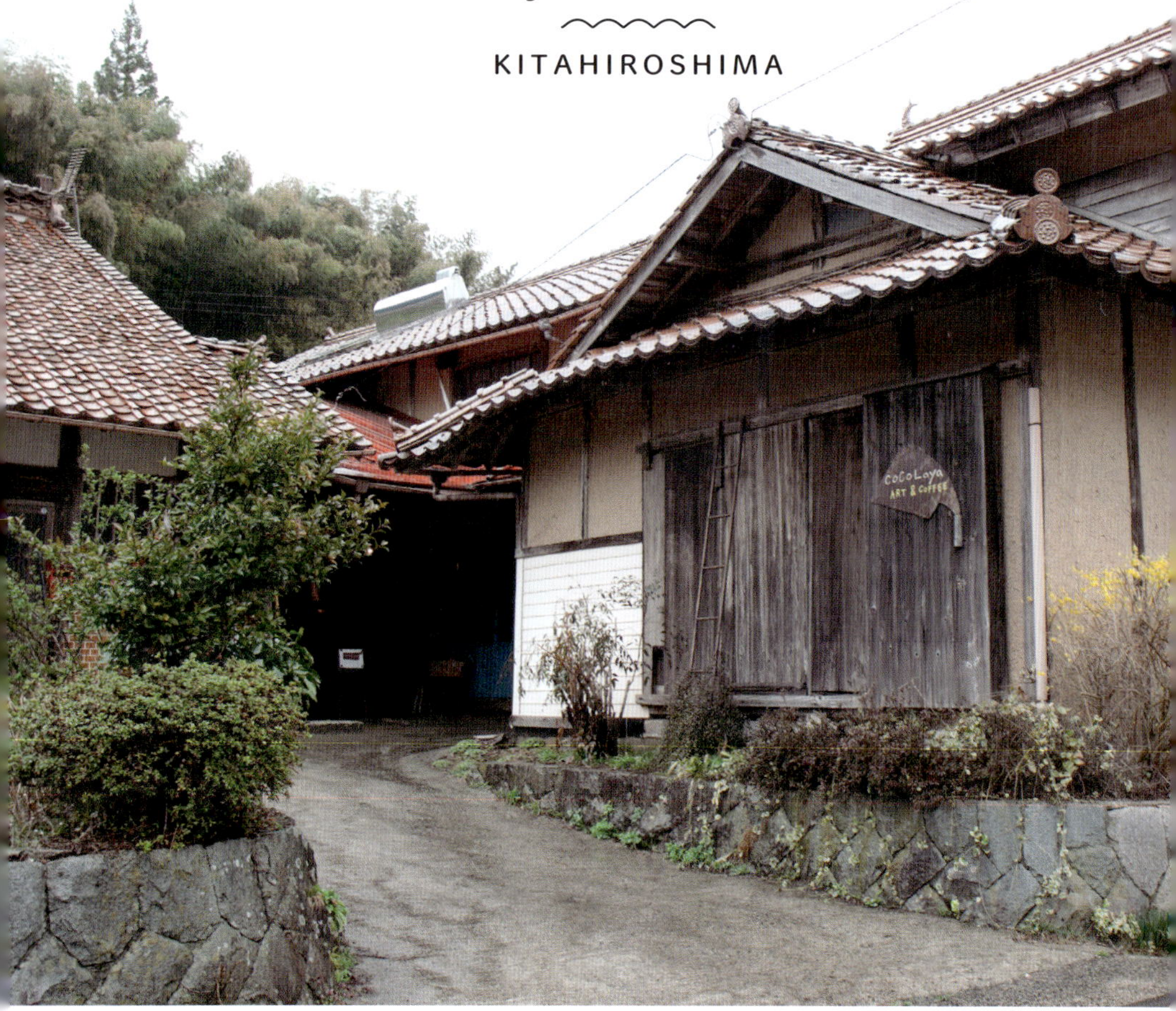

ココロヤアートアンドカフェ

田園風景とアートのコラボ 非日常空間を楽しむ時間

田園風景の中に現れる、古民家のようなギャラリーカフェ。店内には、作家でもある店主・ayumさんの作品が展示されています。家族と関東で暮らしていたそうですが、東日本大震災をきっかけに「子育ては田舎で」と、移住を決めたのだとか。

メニューはドリンクのみ。とくに栃木県日光市にある「日光珈琲」の豆を使い、一杯ずつ丁寧に淹れるコーヒーは自慢の一品。景色に調和する作品を眺めていると、日常を忘れ、穏やかな気持ちになれるはず。県内外で開かれる個展などのため、不定期で休むこともあるので、営業日は事前の確認をおすすめします。

cocoloya

古民家を改装したカフェ。大朝ICから「からしろ館」が目印

古い納屋と牛小屋を
改装して作られた店内

店内はシンプルながらもなかなか出会えない
独特の空気感。店主の作品もさりげなく展示

大朝の井戸水を使った優しい味わいの
cocoloyaブレンドコーヒー(¥500)
窓から見える景色は田園のみで、時間
の概念がリセットされそう

GOODS

オリジナル作品のポストカード
1枚 ¥150
4枚 ¥500

家のオブジェ
¥1,500～

cocoloya　art & coffee

山県郡北広島町宮迫424-1
☎:090-6655-9757
営:13:00-19:00
(12月～3月は18:00まで)
休:木曜(12月～3月は木曜・金曜)
席:テーブル10席
カウンター3席
禁煙:禁煙
P:あり(3台)
交通:浜田道大朝ICから3分
Cocoloya.blog.fc2.com

近所だけでなく、
遠方からのお客さん
との会話も楽しみです

店主
森田歩武さん

P

※メニューはドリンクのみ

森のカフェ＆レストランDude

KITAHIROSHIMA

モリノカフェアンドレストランデュード

陽だまりに包まれた庭でのどかな休日をペットと共に

完全に市街地から隔絶した自然の中のカフェレストラン。敷地内は手入れの行き届いた庭園で、春を迎えるといたるところに様々な野花が咲いています。店には2匹の犬の他、おしゃべりな九官鳥が「こんにちは」「かわいいね」などと語りかけ、楽しくお出迎えしてくれます。

森の雰囲気にマッチした上質な季節の食材がふんだんに使われたピザやスパゲティ、スイーツは季節ごとにメニューが変わります。ペット連れの人はテラスで食事をしたり、庭で遊ばせたりと、人もペットも過ごしやすい環境。鳥の鳴く声以外聞こえない贅沢な時間を過ごせます。1月と2月は休業。

別荘だった建物を改装。山桜や紅葉も楽しめる

標高500m、静かな森の中にあります

窓を大きく取っているので店内はとても明るい。店内の可愛らしいオブジェは手作り

動物やハート型などのクッキーが添えられたアップルパイ(¥780)
デザートは店内の黒板に明記

色んなチーズとくるみのピザ(¥1,580)はお好みではちみつを合わせて。平日のみ、ピザやスパゲティからメインを選び、+300円でプチパン、ミニサラダ、酵素ジュース付きに

森のカフェ＆レストランDude

山県郡北広島町西宗3962-280
☎:0826-85-0880
営:11:00-16:00(LO15:30)
　土曜・日曜11:00-20:00
　(LO19:30)
休:月曜
席:テーブル20席、テラス4席、庭8席
禁煙:分煙(テラス・庭のみ可)
P:あり(12台)
交通:広島道広島北ICから30分
Facebookあり

自家栽培した野菜や自分たちで採った山菜を使った料理もあります

シェフ 岸文伸さん

僕たちとも遊んでね！

ブラン

※ペットはテラス・庭のみ可

正直村

KITAHIROSHIMA

ショウジキムラ

正直村

戸河内ICを北上、R191沿いにある看板を目印に左折

ウッドテラスで楽しむ休日
自然が織りなす神秘の絶景

広島県と島根県の県境に近い、人造湖の聖湖(ひじりこ)の畔に佇む、緑に包まれたコーヒーハウス。店内や湖を見渡せるテラスに加え、敷地内には水際の野外テーブルなどが設置してあり、これらは店主と店のファンたちがボランティアで手作りしたものだそう。湖を挟んで臨む臥龍山はブナの原生林が広がる芸北の最高峰。また、湖にせり出した場所にある椅子に座れば、人生観が変わるとか。

予約制でバーベキュー(１人前２５００円※２名より、５月～10月)ができたり、Ｂ＆Ｂ(簡易宿泊１人９０００円朝食付)も。森林セラピーを満喫しながらゆっくりと一日を過ごしてみては。

四季折々、様々な
表情が楽しめます

少し高台にあるログハウス風の店内からも眺めはいい。まずは、こちらで注文してからウッドテラスへ向かうのがマナー

スパイス効いた大人の辛さが楽しめる、
ビーフカレー(¥1,800)
その他、ビーフシチュー(¥1,800)や手作りのガトーショコラなどスイーツも

湖畔沿いの道を走ると、店の入り口を発見！
積雪があると通れなくなるのだとか

正直村

山県郡北広島町西八幡原10770-1
☎:0826-37-0369
営:5月~9月は10:00-18:00(LO17:30)
10月~4月は10:00-17:00(LO16:30)
休:不定※12月中旬~3月中旬は休業
席:テーブル40席
(オープンテラス席含む)
禁煙:分煙(外でのみ可)
P:あり(20台)
交通:中国道戸河内ICから30分
ブログあり

看板犬
ジジ

7~8月は
音楽イベントも
盛りだくさん！
ぜひ来てね♪

芸北で採れたリンゴや
ブルーベリーなどを使った
ジャムも販売中！

※ペットはリードを付け、外でのみ可

空城さくら亭

KITAHIROSHIMA

ソラジョウサクラテイ

四季折々の表情を魅せる 山里の景色を五感で愉しむ

桜の美しい4月から、紅葉が楽しめる11月まで営業している、築100年以上の家屋を改装した古民家レストランです。この辺りは昔から桜の名所として有名です。毎年、4月中旬～下旬頃ソメイヨシノの古木が桜色に染まる姿が見られます。鯉が優雅に泳ぐ池や新しくできたカフェスペースでは、自然に囲まれた里山の風情が楽しめます。

カフェ利用の他、完全予約制で食事も可能。芸北の清流で育った芸北アマゴや金のイクラなど、旬の食材を使った会席料理(平日限定さくら亭会席膳3240円、土日祝日は3780円～)は舌だけでなく、目でも季節が味わえます。家族や大切な仲間と、ぜひ。

冬季(12月～3月)は店に続く県道が閉鎖になるため休業

かつては木材関連事業を
営む行商の家屋でした

日本家屋の新旧が調和した空間。納屋を改装し新設されたカフェスペースです

月替わりのカフェメニュー。常時2～3種類ある、地元の洋菓子店が作るオリジナルスイーツ。桜の求肥を使った桜のクレープ(¥900)ドリンク付き

GOODS

芸北エリアの特産品・
はぶそう茶 ¥500
水から煮出すとより
香りがよい

ルバーブや
ブルーベリーの
ジャム 各¥500

LEDライトの灯りが幻想的な
インテリア雑貨。
空城さくら亭のみで販売。
Toshiのひょうたん ¥2,300～

空城さくら亭

山県郡北広島町橋山11-4
☎:0826-35-0251
営:カフェ10:00-17:00、ランチ11:30-
日祝のディナータイム18:00-
※カフェ利用以外は完全予約制
(3日前までに要予約)
休:火曜(祝日の場合は営業)
席:テーブル8席、カウンター8席
座敷最大20席、個室対応可
禁煙:禁煙　P:あり(10台)
交通:中国道戸河内ICから35分

子ども連れも大歓迎です♪
ご家族でぜひお越しください

支配人 勝田誠二さん

アマゴ(魚)

ここから30分ほどの
大暮養魚場でアマゴ
のつかみ取りや釣り
もできるよ

http://www.sorajo-sakuratei.com/「空城さくら亭」で検索

山荘 HANAKI

AKIOTA

サンソウハナキ

森にひっそりと佇むカフェ
自分時間をゆったりと堪能

深入山のふもとにひっそりと佇む山小屋カフェ。このカフェは広島建築界の奇才、今中敏幸氏の建物で、自然石を積み上げたゲートをくぐると、店内は独特の天井が高い造りが印象的。実はマスターもファンの一人で、退職後にこの山荘を引き継いだのだとか。

新緑の季節には大きな窓から木々を、雪深い冬は窓一面に出来る巨大な氷柱や雪をみながら、デンマーク製の薪ストーブにあたり、周囲を飛び交う小鳥を眺めていると、ついつい時間が過ぎるのを忘れてしまいそう。四季折々の表情を楽しみながら、マグカップにたっぷりと注がれたコーヒーをいただく贅沢な時間をぜひ。

山の中の森に囲まれた風情ある佇まい

やま カフェ
安芸太田

広島市内をはじめ、遠方からも今中建築ファンが訪れます

独特の天井が高い造りにシャンデリアやランプ、白い窓など今中氏の世界が楽しめます

山水を使ったまろやかな舌触りのコーヒー(¥500)メニューはココア、紅茶、ミルク(全て¥500)のみ、お菓子付き。食べ物は持ち込みOK

軒先に下げられた鳥かごの餌に、ヤマガラやシジュウカラなどの鳥たちが遊びにくる姿を間近に見られます

山荘HANAKI

山県郡安芸太田町小板1309-3
☎:090-4579-7927
営:10:00-日没まで
休:月曜
席:テーブル8席、テラス4席
カウンター2席
禁煙:喫煙可
P:あり(7台)
交通:中国道戸河内IC
から30分

飲み物だけですが、のんびりとここでの時間を楽しんでください

マスター 石田純一さん

P

ぞうさんカフェ

KITAHIROSHIMA

ゾウサンカフェ

豊かな自然の恵みを体感　山里の情報発信基地

芸北の山あいにあるコミュニティカフェ。オーナーは東日本大震災を機に、東京から移住を決めたそうです。店内には、象の糞で紙を作る「ぞうさんペーパー」の雑貨や動物のオブジェ、自社ファームで採れた野菜や米なども並びます。ライブやイベントも数多く開催しており、自然環境を守り、育てることを大切に、常に芸北の地を中心に進化し続ける、情報発信基地です。

　おすすめの手作りピザは、生地から丁寧に作るため、出来上がりまでに少々時間はかかりますが、生産者の愛情がこもった〝パリっモチっ〟とした食感が美味。プラス50円で持ち帰りも可能です。

国道186号線沿いの町営施設を利用したカフェ

店内の大きなステージでは
ライブやイベントを開催

スリランカの雑貨たちに迎えられ、異国情緒を感じる店内。ステージを囲むようにテーブルがある

お隣のりんご園で採れたりんごを使った、芸北りんごデザートピザ(¥1,000)
お好みでりんご園で採れたハチミツをどうぞ

GOODS

食べても安心な天然素材のパステルクレヨン
12色 ¥713、24色 ¥1,426

自社ファームで収穫した米や野菜なども販売。
ファンキーライス
2kg ¥1,382

ぞうさんの糞を活用して作る再生紙「ぞうさんペーパー」シリーズ。グリーティングカードやメモ帳など約30種

ぞうさんカフェ

山県郡北広島町荒神原201
☎:0826-35-1324
営:11:00-18:00頃
(イベント開催時は別途)
休:水曜
席:テーブル100席
禁煙:分煙(一部可)
P:あり(50台)
交通:中国道加計スマートIC から30分
www.zousancafe.com/

オーガニックコーヒーやスリランカ風カレーもおすすめです

スタッフ 小島みちさん

ライブなどイベントはFacebookやサイトでチェック!

オーナー 植田紘栄志さん

野の花かふぇ

KITAHIROSHIMA

ノノハナカフェ

森の静寂に包まれた 週末だけの、隠れ家カフェ

龍頭山のふもとで週末のみオープンするカフェ。靴を脱いで店内に入ると、ご主人が手作りした調度品などが飾られ、その先にはオープンテラスが。春から秋にかけては、テラス席で、木立を抜ける風を感じながらひと息。冬は店内の薪ストーブの前でほっこりしながら、移ろいゆく四季の表情を楽しみたいところ。

地元野菜をたっぷりと使った野の花ランチや、1枚ずつ丁寧に焼いた石窯ピザ（1000円）などのメニュー、そして地下61mから湧く伏流水で淹れたコーヒーをいただきながら、オーナー夫婦の山への愛が詰まったカフェで、自然の中にそっと身を委ねてみよう。

店の入り口に手造りのピザ窯があるのが目印

やま
カフェ
北広島

飲食スペースの裏側は「手しごとギャラリー」

ログハウス風の作りの温かみのある店内

雑貨アーティストの店主の娘さんの作品など、雑貨や小物などを販売

手作りのシフォンケーキにヨーグルトが付いたケーキセット(¥800)

1日10食限定の野の花ランチ(¥1,100)
季節野菜をふんだんに使ったおばんざい盛り合わせ、ごはん(お替り自由)、みそ汁、自家製ヨーグルト

野の花かふぇ

山県郡北広島町都志見733-99
☎:090-7974-8289
営:10:00-17:00
休:月曜～木曜
※祝日は営業
席:テーブル15席、テラス16席
禁煙:禁煙
P:あり(1台)
交通:広島道広島北ICから15分
nonohanacafe.jimdo.com/

メニューをお待ちいただく間に前庭の散策がおすすめです

シジュウカラなどの小鳥が飛んできたりします

オーナー
谷川晶子さん
谷川利明さん

おへそ cafe & bakery

SERA

オヘソカフェアンドベーカリー

オーガニックな料理の数々を自然の真ん中で召し上がれ

世羅郡世羅町にある「おへそカフェ&ベーカリー」は、築150年以上の古民家を時間をかけて手をいれ、つくり上げたお店。スペイン・バレンシア出身のご主人と日本人の奥様がオーナーです。

自慢のパンは、自家栽培の無農薬玄麦、世羅の湧水で醸した自家発酵種のみ使用のパン酵母と伝統的な製法でつくられたもの。お食事はパエリアやタパス、豪快なスペイン風のピザなど、カフェメニューは無農薬・フェアトレードの豆など、オーガニックな素材や、地元で手に入る旬の食材にこだわったものばかりです。

ぜひお店をまるごと味わいに訪れてみてください。

駐車場から坂道を少し上ったところ。可愛い看板がお出迎え

やま
カフェ
世羅

まるで親せきの家に来た
ようないごこちのいい店内

"UFO"という名のカンパーニュ。ほか、スペインの伝統パンなど色々なパンをお買い求めいただけます

畳敷きの大広間にみんな座っていただきます！
テーブルのいくつかは店主のフランクさんが作ったものもあるのだとか

季節の世羅野菜ピザ
(約2人分 ¥1,944)

地元世羅の野菜を使ったスペイン風ピザや本格的なパエリアがいただけます
世羅野菜のパエリア(約2人分 ¥2,592)

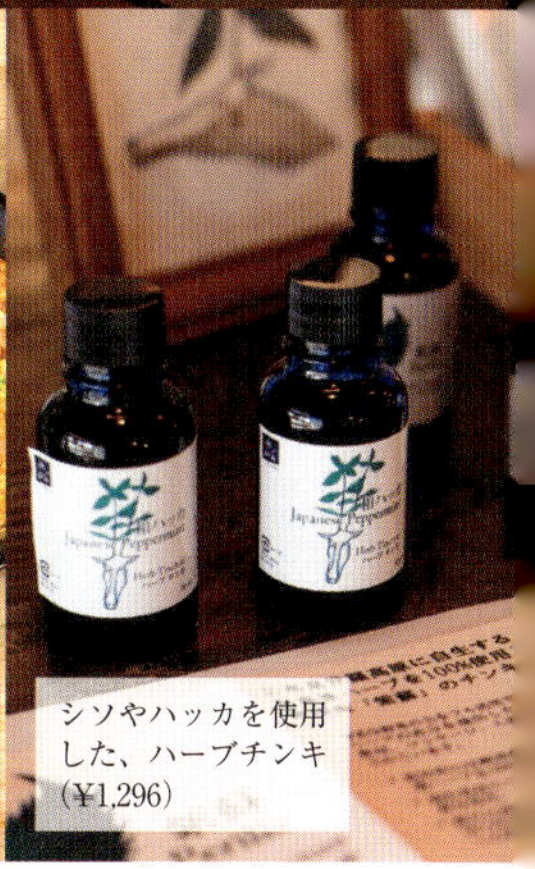

シソやハッカを使用した、ハーブチンキ
(¥1,296)

おへそ cafe & bakery

世羅郡世羅町宇津戸1155
☎:0847-23-0678　禁煙:禁煙
営:ランチ11:00-14:00(LO13:30)
　カフェ14:00-17:00(LO16:30)
　※ランチタイムは要予約
休:水曜・木曜　P:あり(13台)
席:テーブル30席、カウンター4席
交通:山陽自動車道三原・久井ICから
　国道486号線で府中方面へ
　「クロスロードみつぎ」で左折し、
　184号線で世羅方面へ約10分
　または、世羅ICから約7分
http://www.ohesocafe.com/

お店の目の前で育った小麦を使ったパンをぜひお召し上がりください

店長 宮本さん

世羅の四季折々の自然と旬をおへその料理で味わってほしいですね

店主 フランクさん

※ペットはリードをつけ、外のみ可。店内は不可

cafe mon chou chou

ASAMINAMI

カフェモンシュシュ

フランス風家庭料理を森の奥に佇むカフェで

国道71号線沿いから一段下がった場所にあるカフェ。周りの自然と調和を感じさせる外観に、店内はシンプルながら、可愛らしい雑貨やアンティーク小物に囲まれた、どこかメルヘンな雰囲気の佇まいです。オーガニック野菜を使った栄養バランスや彩りも鮮やかなフランスのエスプリを効かせたランチや、季節のスイーツなど全て店主の手作り。極力作り置きをせず、温かいものもサラダも出来立てを提供しています。

その他、季節限定のドリンクやフレーバーティ、焼き菓子や手作りパン、雑貨も販売していて、ちょっとしたプレゼントなどにもぴったり。何度訪れても発見があります。

昔、釣り堀だった自然の中のカフェ

やま カフェ
安佐南

森の澄んだ空気は気持ちを穏やかにしてくれます

店主手作りの雑貨やアンティーク小物が店内を飾る居心地のいい空間

カフェオレカップでいただくカフェオレ(¥620)
季節のスイーツ(¥700)
※セットで100円引き

しあわせデジュネ(¥1,500)
地元の契約農家から仕入れるオーガニック野菜をはじめ、肉や卵もバランスよく使った日替わりランチ。自家製パンとスープ付き

cafe mon chou chou

広島市安佐南区伴西6-624
☎:082-811-8296
営:11:00-18:00
休:不定
席:テーブル17席
禁煙:禁煙
P:あり(10台)
交通:広島道西風新都ICから10分
http://www.cafe-monchouchou.com

可愛いカフェオレカップはお好きなものを選んでいただけます

店主
野村輝美さん

現役のアンティーク調電話♪

※ペットはテラス席のみ可

mugi mugi CAFE

MIYOSHI

ムギムギカフェ

カフェや雑貨を満喫したら1.4㎞の石畳の道を散策♪

古い歴史と新しいスポットが交わる「みよし本通り商店街」の一角、古民家を改装して2011年5月にオープンして以来、人気のカフェとして知られているのがここ「ムギムギカフェ」です。

実はこちらの母体はパン工房。地元で収穫された三良坂小麦と自家製酵母を使ったパンが自慢です。色々な種類のパンが店内左側のショーケースにずらり。右側にあるカフェスペースでは、スイーツやランチもいただけ、他にもムギムギの視点で選んだ国内外の雑貨がところ狭しと並んでいます。

ランチの後は、テイクアウトしたドリンクをお供にそぞろ歩いて、三次の歴史情緒を感じてみては。

mugi mugi

商店街の中でもすっかりお馴染み。えんじ色の暖簾が目印です

山のレジャーのお供にはパン！
ドライブ途中はカフェでひと休み！

落ち着いた色合いの中にカラフルな椅子がかわいい！通りに面した大きな窓から明るい光が差し込みます

コーヒーとサラダ付きのランチセット。クロックマダムスペシャル(¥1,080)

TAKE OUT

ベーグル
チョコドーナツ
¥270

マンゴー・
フランボワーズの
スムージー
各 ¥616

GOODS

土に還る竹素材を使った、フランス・BIOBUのエコな食器

キッズセット
¥3,888

倉敷意匠計画室、カタカタさんデザインの印判手小皿

群れ ¥864

クマ ¥1,404

mugi mugi CAFE

三次市三次町1545
☎:0824-63-5528
営:11:00-18:00
休:火曜・水曜
席:テーブル22席、カウンター4席
禁煙:禁煙
P:あり(10台)
交通:中国自動車道
　　三次ICから約15分
http://www.mugi2.net

ランチやパン、雑貨や洋服などお好きな楽しみ方をみつけてください
カフェ店長 小久保さん

子ども用サイズのドリンクも用意していますのでお気軽に!
スタッフ わたなべさん

森のレストラン・ウェディング　farm NORA

KITAHIROSHIMA

モリノレストラン・ウェディングファームノラ

自然の息吹を感じる 木立に囲まれたロケーション

島根県との県境、緑豊かな山あいに佇む森のレストラン。約15年前から、森の生活を楽しみつつ少しずつ開拓してきた敷地内には、ドッグランや川までの散歩道、ウェディング会場などがあります。家族や友人、愛犬と一緒に小鳥の声を聞きながらのんびりと過ごすのがおすすめです。

心地よいロケーションの中、手間暇かけて作った料理の数々が楽しめます。人気は手作りの石窯で焼いた、ベーコンとトマト、きのこ、季節の野菜をトッピングしたノーマルピザ。パリッとした生地が美味しい本格ピザです。料理を待つ時間も贅沢に感じられるほど、独特の時間が流れます。

標高800mの山中に佇むログハウス

豊かな森のおいしい
空気もごちそうです

手造り感あふれる店内。風合いのある
テーブルや椅子がついつい長居しそう

しあわせランチ（¥1,750）
石窯ピザやパスタ、オムレツ、本日の
煮込みなどからメイン料理を選び、前
菜・サラダ・ケーキ・ドリンクが付く

GOODS

職人による伝統的な絵付けが素敵な
ポーランド製の食器
¥2,000〜

しょう油ベースの
ノラ特製ドレッシング
¥750

FOOD

自家製の
ケシの実のシフォンケーキ
カット ¥280、ホール ¥2,600

森のレストラン・ウェディング　farm NORA

山県郡北広島町東八幡原256-1
☎：0826-37-0323
営：平日11：00-17：00
　土日祝10：00-17：00
休：不定　P：あり（30台）
席：テーブル22席、テラス25席
禁煙：禁煙
（テラス席・ドッグラン横は
喫煙可）
交通：中国道戸河内ICから約35分
farmnora.com/

ゴボはお客さまの
お出迎えやお見送りをする、
人懐っこい犬ですよ

羊のミーゴも
いるよ♪

店主 松本仁美さんと
看板犬 ゴボ

index

塔之岡茶屋 …… 94
鞆の浦@cafe …… 16

な行

菜のはな …… 20
波輝カフェ …… 54
NEJIROcafe …… 46
野の花かふぇ …… 116

は行

バッケンモーツアルト廿日市工場直売店 …… 74
帆雨亭 …… 30
BeachCafe Kitchen Natty …… 12
ひらきや …… 72
船宿cafe若長 …… 58
ボーレザン …… 68

ま行

みなも …… 24
mugi mugi CAFE …… 122
Maison du Ruban …… 64
森のカフェ&レストランDude …… 106
森のレストラン・ウェディング farm NORA …… 124

や行

Yard Café …… 22
YAMANEKO MILL …… 26

ら行

RISTORANTE ZONA FORTUNATO …… 48
Little Kitchen ARUMO …… 28
Restaurant & Café 海と料理 miya …… 78

わ行

和かふぇ はやしや …… 90

あ行

伊都岐珈琲 …… 96
USHIO CHOCOLATL …… 44
ETTA JAZZ CAFE …… 52
御茶処 沖みつ …… 92
おへそ cafe & bakery …… 118

か行

風の時計 …… 8
Cafe umi to sora no Aida …… 66
Cafe galerie …… 70
カフェクオーレ …… 40
cafe SLOW …… 60
CAFÉ HOXTON …… 50
cafe mon chou chou …… 120
cafe Rin …… 102
カフェレンテ …… 86
グリル展望 …… 34
景観茶房セレーノ …… 14
cocoloya　art & coffee …… 104
古今和洋菓子処 古今果 …… 76

さ行

さくらCafé …… 32
The Flying Pieman …… 36
sarasvati …… 88
山荘HANAKI …… 112
seaside cafe ALPHA …… 62
正直村 …… 108
ぞうさんカフェ …… 114
SOFU PASTA & CAFE …… 18
空城さくら亭 …… 110

た行

たかの巣カフェ COFFEE&TEA …… 10
立花食堂 …… 42
タムカイマ …… 84
Chai Salon Dragon …… 38
天仁庵 …… 56
天心閣 …… 82

ディレクション
河﨑 正嗣

デザイン
株式会社 秀巧堂クリエイト

編集
河﨑 正嗣
株式会社 秀巧堂クリエイト

取材・文
梶津 利江
河﨑 正嗣
菊池 春香
笹村 育子
寿山 恵子
中川 泰子
吉田 貴美子

撮影
朝比奈 千明
石原 慎太郎
大矢 直史
加藤 郁男
北恵 けんじ
古石 真由弥
吉岡 小百合

P4-5・P98-99 扉写真、P126-127 index写真
荒木 則行

広島　すてきな旅CAFE　～森カフェ＆海カフェ～

2016年6月20日　第1版・第1刷発行

著　者　広島おさんぽ倶楽部（ひろしまおさんぽくらぶ）
発行者　メイツ出版株式会社
代表者　前田信二
〒102-0093 東京都千代田区平河町一丁目1-8
TEL：03-5276-3050（編集・営業）
03-5276-3052（注文専用）
FAX：03-5276-3105
印　刷　三松堂株式会社

●定価はカバーに表示してあります。

メイツ出版ホームページアドレス http://www.mates-publishing.co.jp/
編集長：折居かおる　企画担当：折居かおる　制作担当：千代寧